A
TRÍADE DA
COMPETÊNCIA

CARLOS COUTINHO

A TRÍADE DA COMPETÊNCIA

ASSUMA O CONTROLE DO SEU CRESCIMENTO CONTÍNUO

ALTA BOOKS
E D I T O R A
Rio de Janeiro, 2020

A Tríade da Competência
Copyright © 2020 da Starlin Alta Editora e Consultoria Eireli. ISBN: 978-85-508-1495-7

Todos os direitos estão reservados e protegidos por Lei. Nenhuma parte deste livro, sem autorização prévia por escrito da tora, poderá ser reproduzida ou transmitida. A violação dos Direitos Autorais é crime estabelecido na Lei nº 9.610/98 e punição de acordo com o artigo 184 do Código Penal.

A editora não se responsabiliza pelo conteúdo da obra, formulada exclusivamente pelo(s) autor(es).

Marcas Registradas: Todos os termos mencionados e reconhecidos como Marca Registrada e/ou Comercial são de responsabilidade de seus proprietários. A editora informa não estar associada a nenhum produto e/ou fornecedor apresentado no li

Impresso no Brasil — 1ª Edição, 2020 — Edição revisada conforme o Acordo Ortográfico da Língua Portuguesa de 2009

Publique seu livro com a Alta Books. Para mais informações envie um e-mail para autoria@altabooks.com.br

Obra disponível para venda corporativa e/ou personalizada. Para mais informações, fale com projetos@altabooks.com.b

Produção Editorial	**Produtor Editorial**	**Marketing Editorial**	**Editor de Aquisição**	**Ouvidoria**
Editora Alta Books	Illysabelle Trajano	Livia Carvalho	José Rugeri	ouvidoria@altabooks.co
	Juliana de Oliveira	marketing@altabooks.com.br	j.rugeri@altabooks.com.br	
Gerência Editorial	Thiê Alves		Márcio Coelho	
Anderson Vieira		**Vendas Atacado e Varejo**	marcio.coelho@altabooks.com.br	
	Assistente Editorial	Daniele Fonseca		
	Rodrigo Dutra	Viviane Paiva		
		comercial@altabooks.com.br		

	Adriano Barros	Larissa Lima	Maria de Lourdes Borges	Thais Dumit
Equipe Editorial	Ana Carla Fernandes	Laryssa Gomes	Paulo Gomes	Thales Silva
	Ian Verçosa	Leandro Lacerda	Raquel Porto	Thauan Gomes
	Keyciane Botelho			

Revisão Gramatical	**Layout, Diagramação**			
Kamila Wozniak	**e Capa**			
Luciano Gonçalves	Joyce Matos			

Erratas e arquivos de apoio: No site da editora relatamos, com a devida correção, qualquer erro encontrado em nossos livros, b como disponibilizamos arquivos de apoio se aplicáveis à obra em questão.

Acesse o site www.altabooks.com.br e procure pelo título do livro desejado para ter acesso às erratas, aos arquivos de apoio e/o outros conteúdos aplicáveis à obra.

Suporte Técnico: A obra é comercializada na forma em que está, sem direito a suporte técnico ou orientação pessoal/exclusiva leitor.

A editora não se responsabiliza pela manutenção, atualização e idioma dos sites referidos pelos autores nesta obra.

Dados Internacionais de Catalogação na Publicação (CIP) de acordo com ISBD

C871t	Coutinho, Carlos
	A Tríade da Competência: assuma o controle do seu crescimento contínuo / Carlos Coutinho. - Rio de Janeiro : Alta Books, 2020.
	224 p. : il. ; 16cm x 23cm.
	Inclui bibliografia e índice.
	ISBN: 978-85-508-1495-7
	1. Autoajuda. 2. Competência. I. Título.
	CDD 158.1
2020-509	CDU 159.947

Elaborado por Vagner Rodolfo da Silva - CRB-8/9410

Rua Viúva Cláudio, 291 — Bairro Industrial do Jacaré
CEP: 20.970-031 — Rio de Janeiro (RJ)
Tels.: (21) 3278-8069 / 3278-8419
www.altabooks.com.br — altabooks@altabooks.com.br
www.facebook.com/altabooks — www.instagram.com/altabooks

ASSOCIADO

Dedico este trabalho a minha esposa Claudia e filhos, Larissa e Lucas, pelo constante carinho, e a minha mãe, Maria da Glória, por suas fraternas orações.

AGRADECIMENTOS

Agradeço a todos que de alguma forma contribuíram para a realização desta obra. Primeiramente a minha esposa e aos meus filhos, pelo incondicional carinho e compreensão.

Aos grandes profissionais e mentores que passaram por minha vida e que, de alguma forma, deixaram um generoso legado de conhecimento e experiência para que eu pudesse me desenvolver continuamente.

Aos meus orientadores de mestrado e doutorado, pessoas com muita dedicação, paciência pedagógica e paixão pelo que fazem, que doaram um bom tempo para me orientar e mostrar caminhos importantes para meu aprendizado.

À editora Alta Books por acreditar no meu trabalho e possibilitar essa parceria.

E finalmente aos meus queridos alunos com quem constantemente aprendo e que muito me ajudam a renovar meus pensamentos e crenças de vida.

SOBRE ESTE LIVRO

O grande objetivo deste livro é propor uma leitura em tópicos estruturados, abordando de uma forma simples e clara as principais competências que temos que desenvolver ao longo de nossas vidas e carreiras. Tomei como base desdobrar três elementos de conhecimento: o conhecimento técnico, gestão e liderança, que chamo de "A tríade da competência". Todo tempo buscamos um equilíbrio desse "triângulo" para podermos percorrer um caminho de crescimento contínuo.

Tudo que escrevi aqui foi utilizando a base aprendida e pesquisada durante uma carreira de 25 anos vividos em grandes organizações de manufatura, convivendo com equipes de diferentes regiões do Brasil e do mundo, levando em consideração os acertos, mas também erros e correções de rota, num julgamento muito prático do que foi diferencial para desenvolver um aprendizado contínuo. O que chamo aqui de aprendizado seria: melhorar o que proponho fazer para a organização e para meu crescimento profissional e pessoal?

Acredito que não há restrição de público nesta leitura, seja idade ou nível hierárquico, podendo ser muito bem aplicado para quem busca constantes oportunidades de carreira, e para quem quer ler pontos para refletir e praticar no dia a dia, potencializando seu crescimento consistente e contínuo. Este conteúdo vai te proporcionar ao final uma visão mais detalhada sobre qual "lado" do triângulo você deve fortalecer mais, servindo de referência para priorizar comportamentos para melhorar suas atitudes voltadas para a alta performance.

COMO ESTE LIVRO ESTÁ ORGANIZADO

O livro traz uma abordagem objetiva e prática, desdobrando de uma forma lógica a tríade das competências: liderança, método e conhecimento técnico, nas principais características que mais influenciam no fortalecimento de cada um desses "lados". Cada uma dessas características é desdobrada em capítulos dentro das três competências já citadas.

No capítulo 1 é apresentada a importância de desenvolver as suas competências continuamente, como fortalezas que te levarão a um equilíbrio emocional mais estável e consequentemente, a um desempenho mais consistente. Nesse capítulo inicial é apresentada a abordagem central e norteadora deste livro, que é a tríade ou triângulo da competência, onde é discutida a importância de buscar o constante desenvolvimento da liderança, método e conhecimento técnico, com foco sempre no equilíbrio entre cada um dos lados, passando a visão de que um lado mais desenvolvido, em geral, não compensa o outro lado que tenha pontos de melhorias que não sejam trabalhados. Com base nessa necessidade de equilíbrio, o livro foi dividido em três partes.

A parte I trata da competência *liderança* e suas características. No capítulo 2 é feita a discussão do que é o ato de liderar em si, e que um dos propósitos genuínos da liderança é de servir e atender as necessidades humanas coletivas, mas também aos nossos objetivos individuais. Na sequência, do capítulo 3 ao 6, são apresentadas as características chaves desdobradas da liderança, que são respectivamente a humildade, empatia, resiliência e comunicação.

Em cada um desses quatro capítulos são abordadas essas características que constroem basicamente o perfil de liderança do indivíduo. Todo capítulo que trata uma característica tem uma mesma estrutura lógica, que começa com um enfoque geral da importância daquela característica em si para aquele lado do triângulo (neste caso, a parte seria o lado da liderança). Após o enfoque geral, são descritas quais as atitudes percebidas naquelas pessoas/líderes que têm aquela determinada característica bem desenvolvida. Pois quando descrevemos uma atitude conseguimos entender melhor o que de fato é ter esse comportamento desenvolvido. Após se discutir as atitudes peculiares, é explanado o que se pode fazer de uma forma simples e contínua para desenvolver aquela característica, incorporar aquela atitude, numa abordagem simples e perfeitamente compreensível. Também é apresentado o comportamento a ser evitado se queremos desenvolver aquela determinada característica. Pois, entende-se que destacar a atitude não recomendada ajuda a construir sinais de alerta no seu comportamento, mostrando quando se está desviando do caminho correto para o desenvolvimento. Sempre o capítulo é finalizado com um *checklist* diagnóstico para autoavaliação, com base no que foi apresentado, para que você possa se avaliar e buscar praticar as ações sugeridas na seção anterior.

Na parte II são apresentadas as características essenciais da competência do método, que estão nos capítulos 7 a 9. No capítulo 7, aborda-se disciplina e foco, que garantem a base mínima para se imprimir uma visão sistemática e metodológica no que você executa no dia a dia. No capítulo 8 é abordado como é importante desenvolver um modelo mental, uma forma de pensar todo o tempo em melhoria contínua, incrementando sempre seus resultados pessoais e profissionais. Seria o ato de transformar problemas em oportunidades para a busca do resultado planejado. Com esse propósito é passado o conceito básico do PDCA, que é o método de solução de problemas mais difundido no mundo. No capítulo 9 é a vez de apresentar o conceito da rotina básica, que tem muita relação com disciplina e foco.

Na parte III, é apresentado o terceiro lado da tríade, que é o conhecimento técnico. No capítulo 10, a importância de desenvolver todo o tempo uma visão sistêmica de tudo que nos cerca, seja no lado profissional e pessoal, pois é essa percepção do mundo continuamente mudando a nossa volta que te permitirá desenvolver uma visão ampla do seu ambiente que, com certeza, ajudará você a tomar decisões, contemplando todos os aspectos relevantes para o tema em questão.

Nos dias atuais de velocidade assustadora do desenvolvimento tecnológico, no capítulo 11 é visto a importância da aprendizagem contínua, e a descrição de atualização tecnológica, numa abordagem da indústria 4.0, que é um dos conceitos atuais mais modernos no que diz respeito à relação de tecnologia, relações humanas e competitividade.

E por fim, no capítulo 12, as considerações finais, um plano de diagnóstico para você entender como está cada lado do seu triângulo das competências, que te permitirá traçar uma diretriz de desenvolvimento com foco no equilíbrio da tríade da competência. É sugerida uma forma de se montar um plano de desenvolvimento e um simples acompanhamento para checar a efetividade de sua evolução.

SUMÁRIO

CAPÍTULO 1
INTRODUÇÃO: DESENVOLVENDO COMPETÊNCIAS..1

PARTE I
LIDERANÇA E SUAS CARACTERÍSTICAS

CAPÍTULO 2
O ATO DE LIDERAR E AS NECESSIDADES
DO SER HUMANO 9

CAPÍTULO 3
HUMILDADE 15

CAPÍTULO 4
EMPATIA E FEEDBACK 29

CAPÍTULO 5
RESILIÊNCIA – ENVERGA, MAS NÃO QUEBRA! 45

CAPÍTULO 6
COMUNICAÇÃO TRANSPARENTE 59

PARTE II
MÉTODO E SUAS CARACTERÍSTICAS

CAPÍTULO 7
FAZER ACONTECER COM FOCO E DISCIPLINA...... 75

CAPÍTULO 8
RESOLVA PROBLEMAS!... 89

CAPÍTULO 9
GESTÃO DA ROTINA, EXCELÊNCIA DIÁRIA!...........117

PARTE III
CONHECIMENTO TÉCNICO E SUAS CARACTERÍSTICAS

CAPÍTULO 10
VISÃO SISTÊMICA — FOCO NO MURO,
MAS SEMPRE PENSANDO NA CATEDRAL!............. 151

CAPÍTULO 11
APRENDIZAGEM CONTÍNUA E ATUALIZAÇÃO
TECNOLÓGICA — NÃO PARE NO TEMPO!.............. 167

CAPÍTULO 12
DIAGNÓSTICO E MÃOS À OBRA!.......................... 191

REFERÊNCIAS BIBLIOGRÁFICAS .. 203

ÍNDICE 205

CAPÍTULO 1

INTRODUÇÃO: DESENVOLVENDO COMPETÊNCIAS

O primeiro ponto a se abordar neste início é a consciência de que você não nasce com competências e habilidades já desenvolvidas. Esse desenvolvimento será um longo processo durante sua vida. Começamos a estudar e aprender bem no início de nossas vidas. Crescemos um pouco mais e continuamos aprofundando nas escolas em que passamos; ensino fundamental, médio e assim por diante. E junto a esses "estudos" vêm as provas práticas do dia a dia, as provações e dificuldades que nem sempre temos habilidade e experiência adquirida de tirar notas boas, e principalmente de tirarmos as lições dos erros. As competências e habilidades são resultantes de contínuo esforço, que irão a cada dia nos deixar mais desenvolvidos e *fortes*.

1.1: DEFINIÇÃO DO QUE É SER FORTE

No dicionário da língua portuguesa, a palavra "forte" tem o significado de "que tem grande força física e/ou orgânica; cujos músculos são bem desenvolvidos; robusto, vigoroso". É uma definição que passa imponência, poder dominador. Mas o forte que você vai entender e assimilar aqui tem um valor muito mais completo no sentido de direcioná-lo para uma construção positiva e consistente de suas habilidades pessoais e profissionais. E falando de consistência, ela tem um impacto maior e superior a qualquer outro comportamento. É a consistência de seu aprendizado que viabiliza a construção da força, levando você mais longe do que a inteligência e o talento.

A consistência que vai te levar a ser cada vez mais forte (isso mesmo, cada vez mais) não é uma característica naturalmente abundante nas pessoas. A maior parte de nós tem dificuldade de continuar se desafiando em ser cada vez mais forte e desiste frente a um fracasso ou se acomoda com a conquista de algum sucesso, tirando o foco em continuar se desafiando, pois se acomodar com o primeiro sucesso também não deixa de ser um fracasso. A capacidade de se programar para continuar se desenvolvendo e aperfeiçoando sua performance, em qualquer área de sua vida, é o que vai te levar a consistência, e esse sim é o verdadeiro sentido de *ser forte*.

1.2: SER FORTE É TER FORTALEZAS E ESTAS DEVEM SER DESENVOLVIDAS

O grande ponto aqui é entender que *ser forte* não é uma característica e um estado imponente e nato no ser humano que se mantém todo o tempo e o protege e o impulsiona para suas conquistas. Pelo contrário, o estado de ser forte deve ser desdobrado em "fortalezas", que podemos dizer, competências, que devem ser continuamente desenvolvidas. A autora Carol Dweck, conhecida especialista sobre desenvolvimento pessoal e personalidade, em seu livro *"Mindset"*, defende que somos capazes de cultivar qualidades e competências, programando nosso esforço para aprender cada vez mais, independentemente do grau de inteligência. A autora aborda em sua obra, que embora as pessoas possam diferir umas das outras de muitas maneiras, seja em talentos, aptidões iniciais, interesses ou temperamento, cada um de nós é capaz de se modificar e desenvolver por meio do esforço e da experiência.

Quando as pessoas colocam foco em crescimento, terão a crença de que é possível desenvolver continuamente as qualidades desejadas, estabelecendo uma paixão involuntária pelo aprendizado, o que as condicionam a se aperfeiçoarem cada vez mais. Já quem tem o *mindset* fixo, acredita que aptidões e inteligência são pouco flexíveis, como se nossas limitações fossem definidas quando nascemos, e despende grande energia defendendo aquela "posição" de pessoa inteligente e certa dona da razão, desperdiçando muitas oportunidades de ter novos aprendizados.

1.3: SER FORTE É SE MANTER EM CRESCIMENTO CONSTANTE

O grande foco deste livro é dar uma abordagem de como trabalhar as principais características, competências no seu dia a dia para se tornar uma pessoa, um líder mais forte e com um *mindset* de crescimento constante. Para isso é importante desdobrar as principais competências de uma forma que se possa trabalhar melhor cada uma delas, pensando no crescimento da sua curva de autoconhecimento e de performance, que te levará a consistência de performance. Mas não é fácil falar sobre crescimento e autoconhecimento de uma forma simples e resumida.

Por isso para facilitar a abordagem e o entendimento de cada interface e características, vou usar a figura do triângulo, que passa uma visão de equilíbrio e regularidade se "os lados" estiverem em harmonia. É a tríade da competência que deve se desenvolver continuamente, e cada um desses lados do triângulo do conhecimento deve ser trabalhado para o equilíbrio e consistência do seu crescimento, com cada um desses "lados" desdobrados em características essenciais, que serão abordadas nos capítulos seguintes.

Seu autodesenvolvimento para se tornar um ser humano melhor e feliz na vida pessoal e profissional, deve buscar constantemente o equilíbrio desse triângulo das competências. Quando se observa bem a figura 1, não é difícil lembrar alguns "personagens" que passam por nós:

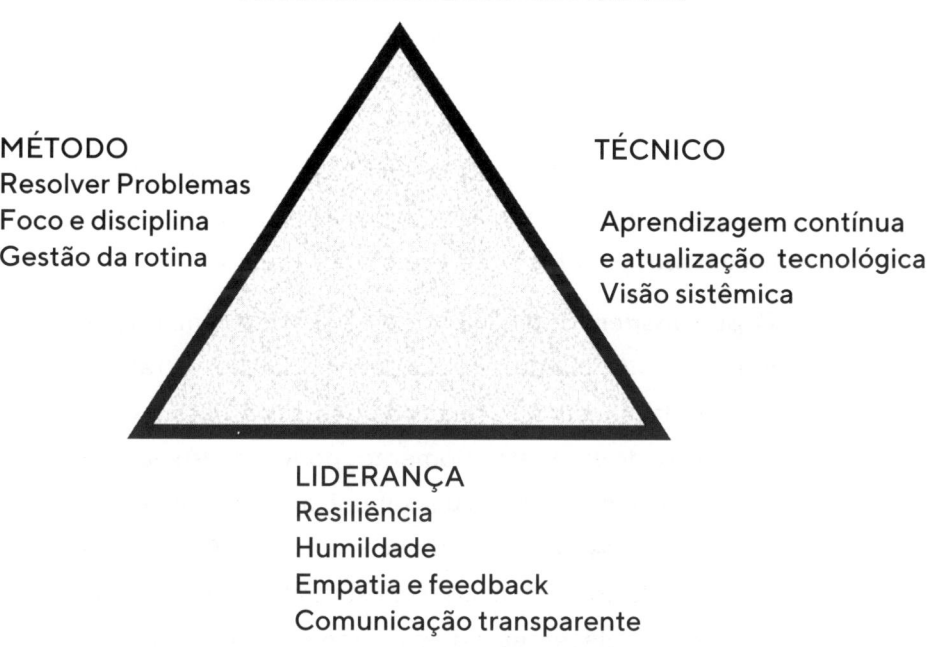

Figura 1: Tríade da competência

MÉTODO
Resolver Problemas
Foco e disciplina
Gestão da rotina

TÉCNICO
Aprendizagem contínua
e atualização tecnológica
Visão sistêmica

LIDERANÇA
Resiliência
Humildade
Empatia e feedback
Comunicação transparente

- **O personagem 1:** é aquele com conhecimento técnico admirável, muito inteligente, com muita atitude no que faz, não desiste facilmente de seus objetivos, mas parece "patinar" em alguns pontos tendo dificuldade de planejamento e, consequentemente, na priorização de seus atos. Esse personagem tem uma carência *no lado esquerdo do triângulo* de competências, faltando conhecimento de método para organizar e ordenar melhor suas atitudes, potencializando seu conhecimento técnico, e canalizar mais seus esforços para o resultado desejado.

- **O personagem 2:** esse tem boa liderança, empatia, boa capacidade de envolver pessoas e tem conhecimento satisfatório em estratégia e método dando condição a ele de fazer um planejamento com boa chance de resultado. Porém, para determinada missão, falta conhecimento de causa do tema, ou não está atualizado sobre o assunto em questão, dificultando-o em ser assertivo em algumas decisões, aumentando o risco de não ter sucesso no resultado desejado. *O lado direito do triângulo* deve ser fortalecido, dando mais base de conhecimento técnico para gerar mais consistência em seus projetos e coerência na execução.

- **O personagem 3:** finalmente esse personagem, que tem ótimo conhecimento técnico, bom domínio estratégico, mas tem lacunas em seu relacionamento com pessoas, baixa assertividade em alguns momentos podendo até soar como arrogância e para piorar sua comunicação deficiente, gera falta de transparência e confiança na equipe. A base do seu triângulo de competências deve ser trabalhada com o objetivo de fortalecer seu lado emocional e de inter-relações.

Fazendo uma rápida reflexão, com certeza você já se deparou com esses personagens, ou já se viu desempenhando o papel desses personagens em alguns momentos de sua trajetória, afinal ninguém é perfeito. E até mesmo de acordo com a situação enfrentada, você tem um determinado lado que necessita ser desenvolvido e fortalecido. Muitas vezes, apenas uma dessas características de um desses lados, quando muito enfraquecida, pode desequilibrar completamente o "seu triângulo", pois aqui vale o equilíbrio e não compensar mais um lado ou outro. Esse equilíbrio é o que vamos trabalhar nos capítulos seguintes.

PARTE I

LIDERANÇA E SUAS CARACTERÍSTICAS

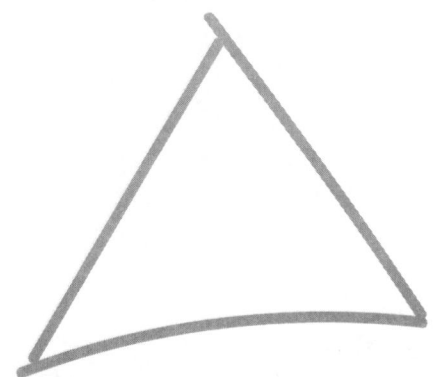

CAPÍTULO 2

O ATO DE LIDERAR E AS NECESSIDADES DO SER HUMANO

Ter um entendimento do que é ser um bom líder pode ser algo muito subjetivo, deixando difícil de traçar um perfil claro a ser seguido como referência se primeiro não se entender claramente o que é de fato *o ato* de liderar. Pois, antes de definir qualquer personagem, deve-se entender qual o "ato" desse personagem, qual o significado e necessidade da existência do líder para os indivíduos e a sociedade, pois um perfil não existe sem um propósito claro de existência. Pode-se iniciar essa discussão, dizendo que o propósito do ato de liderar está em direcionar um determinado grupo com foco em um objetivo comum de resultado, influenciando esse time, de forma positiva, para que atuem espontaneamente e com entusiasmo.

Com a evolução da administração moderna, hoje em dia quando se fala de líder é impossível não pensar na palavra propósito como grande alavanca do ato de liderar. Ter um propósito coletivo capaz de conectar ambições individuais em um grande grupo é uma das grandes construções do líder e chave de seu sucesso. Os propósitos individuais de uma equipe podem ser muito diferentes, como perspectiva de crescimento, visão de contribuição à sociedade e equilíbrio com qualidade de vida, sinalizando cada vez mais que a remuneração por si só não basta.

Muitas pesquisas recentes citam que o tempo que um indivíduo permanece numa organização é determinado pela relação que ela tem com seu líder imediato, ou seja, a máxima que cada vez mais as pessoas não pedem demissão da empresa, mas sim do "chefe". E esse desfecho é, sem dúvida, por deficiências no relacionamento construído ao longo do tempo. Será dada a abordagem aqui que os grandes líderes não constroem apenas indicadores de resultados satisfatórios, mas eles principalmente criam culturas de grande propósito que serão o caminho para o resultado. E tudo começa aprendendo a como dar o direcionamento para as pessoas saberem lidar com seus pontos fortes e de oportunidades. Os líderes extraordinários transformam vidas, pois ajudam os outros a descobrirem o que eles naturalmente fazem de melhor e os ensinam a desenvolverem seus talentos. A arte de liderar é fazer com que o outro sempre descubra, sempre aprenda e desenvolva seu autoconhecimento. É isso que o líder deve proporcionar o tempo todo no contexto de liderança.

Outro ponto importante é a seguinte questão: o ato de liderar pode e deve ser desenvolvido ou é uma característica nata do indivíduo? O que se observa na realidade é que o desenvolvimento do *ato* de liderar não é diretamente proporcional ao esforço do indivíduo, mas sim de uma combinação de perfil e desenvolvimento de competências chaves. Ou seja: nem todos os que se esforçam vão atingir o pleno desenvolvimento da liderança, mas existem habilidades que podem ser aprendidas, mas antes do aprendizado, é necessário entender o seu significado e propósito de porque são importantes na construção de um perfil de liderança eficaz e perene.

2.1: LIDERANÇA, MOTIVAÇÃO E A PIRÂMIDE DE MASLOW

Quando afirmo que o líder deve atingir propósitos coletivos e individuais ao mesmo tempo, estou remetendo a um ponto bem complexo do ser humano. Gerar propósito em um indivíduo requer conhecer muito a natureza humana e suas necessidades. Nesse ponto, a teoria sustentada pela "Pirâmide de Maslow" é uma base importante para se fundamentar as características necessárias para o ato de liderar, que será abordado mais à frente.

O psicólogo norte-americano Abraham Harold Maslow (1908-1970) foi um importante pesquisador que muito se dedicou aos estudos sobre as necessidades humanas. Ele descreveu como cada necessidade do ser humano interfere na sua motivação e como desencadeia outras demandas. O estudo de Maslow ainda é atual e é um dos mais significativos para a psicologia organizacional. Desse estudo surgiu a Pirâmide de Maslow. Foram definidas cinco categorias de necessidades humanas: fisiológicas, segurança, afeto, estima e as de autorrealização. De acordo com o estudo, os seres humanos têm diferentes necessidades conectadas que obedecem à determinada hierarquia. Quando se tem uma necessidade básica, a necessidade seguinte só aparece após a antecessora ter sido suprida. Na figura 2 é apresentada a Pirâmide de Maslow, que é composta por cinco camadas de necessidades.

- **Fisiológicas:** Aquelas necessárias para sua sobrevivência básica, como alimento, água e moradia;
- **Segurança:** Os itens que permitem o indivíduo se sentir com segurança para poder construir uma estabilidade emocional básica. Os principais seriam a segurança do emprego, do corpo, da família, da propriedade etc.;
- **Amor/Relacionamento Social:** São as necessidades de manter a harmonia, ser aceito por um grupo, necessidade de afeto;
- **Autoestima:** Refere-se ao indivíduo ser reconhecido pela sua capacidade de realização. Em geral é a necessidade de se sentir digno, respeitado por si e pelos outros, com prestígio e reconhecimento, poder e orgulho;
- **Realização pessoal:** Diz respeito à valorização e ter liberdade de fazer o que quiser, aproveitar seu potencial, isento de preconceitos ou restrições. Aqui também devem ser citados a independência e o autocontrole.

Se pensarmos no indivíduo dentro de uma organização (trabalho, emprego) podemos tentar traduzir as necessidades que este teria em cada uma dessas camadas, conforme tabela 1.

É evidente que devemos considerar, como em toda teoria, que ela não pode ser aplicada num contexto totalmente generalista. Os críticos dessa teoria afirmam que nem todas as pessoas são iguais e, por isso, um aspecto que se mostra como uma necessidade para uma pessoa, pode não ser para outra. Mas pode ser considerado um ponto de partida muito importante para determinar os pontos de ignição para motivar continuamente o indivíduo, e pontuar uma base inicial de características que um grande líder deveria ter como recurso para atender essas necessidades nos níveis coletivos e individuais.

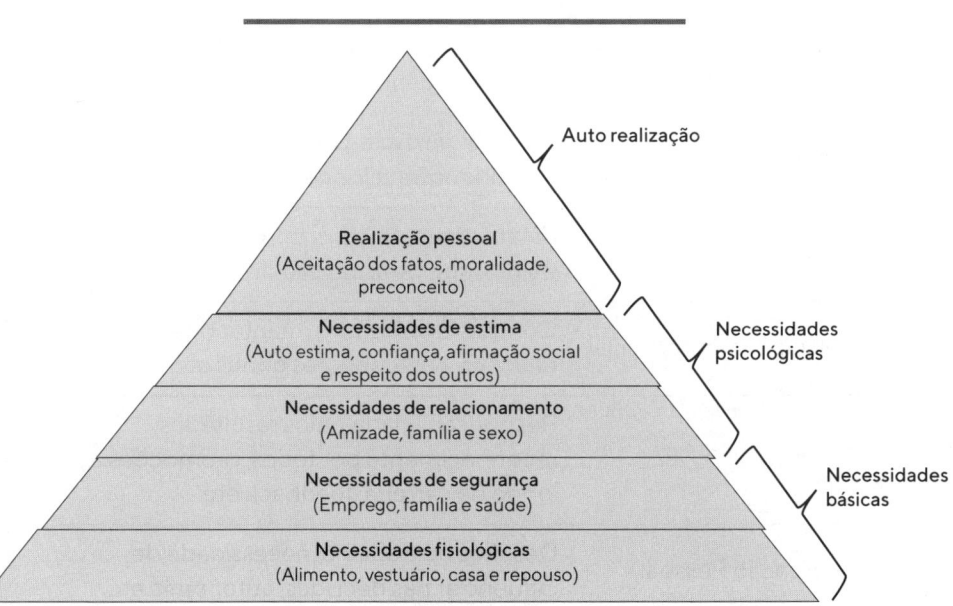

Figura 2: A Pirâmide de Maslow

O estudo de Maslow aborda um ponto importante, que diz respeito à hierarquia de necessidades. Por exemplo, para alguém que está tentando primeiro sobreviver, não faz sentido falar de realização pessoal e motivação. Mas, passada essa fase de apenas pensar na sobrevivência, o indivíduo vai gradualmente buscando novas motivações, além de apenas moradia e comida. A partir desse ponto a pessoa precisa de estímulos diferentes para continuar seu desenvolvimento em busca da realização pessoal.

O líder e as organizações devem cada vez mais desenvolver essa percepção de hierarquia de necessidades, conectando a realização do colaborador com o propósito da empresa. Com certeza será um diferencial na motivação do funcionário.

Tabela 1: As necessidades do profissional em uma organização

Necessidades da Pirâmide de Maslow	Necessidades do profissional/indivíduo em uma organização
Fisiológicas	Horários flexíveis, condição básica de trabalho, intervalos de jornada etc.
Segurança	Estabilidade, salários, benefícios, visibilidade de ascensão de carreira.
Relacionamento/Social	Conquistar amizades, manter boas relações, ter superiores gentis etc.
Estima	Responsabilidade pelos resultados, reconhecimento por todos, promoções ao longo da carreira, feedback etc.
Realização Pessoal	Desafios no trabalho, necessidade de influenciar nas decisões, autonomia etc.

Nos capítulos seguintes serão abordadas as características mais importantes da liderança, conforme foram desdobradas no triângulo das competências na figura 1. A liderança foi colocada na base do triângulo, numa visão de que dá a sustentação emocional para os outros dois lados poderem evoluir em equilíbrio.

CAPÍTULO 3

HUMILDADE

> A HUMILDADE TE PROPORCIONA VESTIR DOIS CHAPÉUS AO MESMO TEMPO: O DE ENSINAR E O DE APRENDER

A característica da humildade é com certeza uma das mais difíceis de se desenvolver, pois tem muita relação com a natureza e valores da pessoa e sua forma de lidar com a realidade do mundo. Um ponto a ser avaliado é que para se praticar a humildade é preciso abdicar de duas coisas que são aparentemente muito comuns na natureza do ser humano: ser admirado e apoiado nos seus pontos de vista. Sentir-se com razão é algo perigosamente confortável, pois leva o indivíduo para uma zona de conforto que vai fazê-lo não enxergar alguns limites importantes como respeito à opinião do próximo e o simples fato de admitir que sempre temos algo a aprender com os fatos ocorridos, pessoas que passam pelas nossas vidas e principalmente com nossos próprios erros.

A principal característica que diferencia um líder excepcional de um bom líder é a humildade. A falta de humildade cobra um preço caro, pois tende a criar um grande abismo entre líder e equipe, impedindo a construção da base de qualquer relacionamento: a confiança e o respeito.

3.1: A HUMILDADE LEVA AO CAMINHO DO AUTOCONHECIMENTO

Vamos ver a situação da falta de humildade sobre outro ponto de vista. Como deve ser chato ser superior, saber tudo, não ter nada para aprender, não é mesmo? É óbvio que isso nunca será uma realidade. Dessa forma, a falta de humildade faz o indivíduo perder o passo de desenvolver continuamente o seu autoconhecimento, e num mundo atual tão mutante e veloz em termos de cultura, tecnologia e globalização, isso para um líder é simplesmente mortal. E esse caminho do autoconhecimento leva o líder a aceitar com sabedoria que muito pode aprender com a experiência das pessoas que estão em sua equipe, muitas vezes alguns com níveis hierarquicamente abaixo dele, devendo procurar ativamente as ideias e contribuições frequentemente indispensáveis dos colaboradores que o auxiliam. Tenha certeza de que é muito pesado para o líder que acha que todas as grandes ideias e soluções devem partir sempre dele, sendo isso um naufrágio previsível de sua liderança, pois esse excesso de centralização está longe de gerar sinergia nas equipes vencedoras e muito menos motivação nas pessoas. Portanto, seja leve! Deixe-se envolver pelo aprendizado constante, pois às vezes um confortável "não sei" vai ser mais admirado do que uma resposta imperativa sem um entendimento da opinião dos demais do time.

3.2: O LÍDER COM HUMILDADE FAZ A PERGUNTA CERTA PARA TER A RESPOSTA PARA TODOS

Procure usar seu senso de observação e você vai perceber que grandes líderes fazem perguntas que vão ajudar a chegar ao cerne dos problemas, em vez de querer o tempo todo dar a resposta certa, pois isso fará com que os membros da equipe se desenvolvam, melhorando a análise e atitude de execução, uma grande prática para desenvolver toda a equipe. O líder com humildade não tem medo de fazer perguntas, pois tem plena consciência de que elas vão ajudar os demais a chegarem num ponto comum de discussão, compartilhando conhecimento, de forma que todos possam evoluir na visão geral do cenário, para se chegar à melhor solução.

Deve-se, nesse caso, transformar um revés em uma profunda análise para se corrigir a rota. Por exemplo, se a equipe tem uma tarefa atrasada e seu time te informa que ela não será entregue, é essencial transformar essa informação em perguntas imediatas para buscar os gargalos e recursos para reverter o problema. Isso vai provocar uma reflexão coletiva, fazendo com que líder e time revejam o cenário completo da situação e, gerando clima para que uma atitude construtiva para resolver o problema seja tomada.

Se o líder tem costume de perguntar, seja para saber como está ou quer saber como pode ajudar, cria um espírito cooperativo sem aquele estigma de que *chefe* só quer ver o serviço feito e pronto. As conversas intermediárias durante a execução das tarefas permitem criar momentos em que o líder possa também escutar os pontos de vista de membros da equipe, valorizando as opiniões e ideias das pessoas. Antes de o frio relatório chegar em sua mesa ou o "ppt" chegar no e-mail, interagir presencialmente antes sempre vai ser mais eficaz para motivar o time e evitar surpresas no fim da tarefa concluída. Por fim, o papel do líder deve ser de intermediador, de motivador das relações, um treinador que orienta e faz a equipe jogar leve e brilhar em campo.

3.3: SER HUMILDE NÃO SIGNIFICA NÃO SABER DECIDIR

Não podemos confundir humildade com submissão. A humildade tem um ponto muito forte de autoconhecimento que significa reconhecer as próprias forças e limitações, e principalmente buscar a melhor forma de fazer a reconstrução dessa oportunidade. Para ter esse discernimento, exige-se uma maturidade e autoconfiança que um líder, com certeza, tem. Já a submissão é uma atitude diferente, de não afirmação e insegurança de se omitir, entregar e repassar responsabilidade ao outro. O líder que tem a característica de humildade bem desenvolvida vai ter a habilidade de dividir e delegar as tarefas tendo em vista as competências de cada um da equipe, criando uma sinergia e velocidade na conclusão do objetivo. Ele vai concentrar esforço em interagir, em conectar o time para cada um realizar sua tarefa dentro do que foi prometido, sem a extrema preocupação de checar todas as etapas nos mínimos detalhes, pois a relação de confiança deve prevalecer. A referência que se pode dar aqui é o que se chama, segundo a obra de James Hunter, do "líder servidor" que auxilia os outros na busca de seus propósitos sem assumir uma atitude meramente servil, mas uma visão de ser um instrumento para algo transformador para aquela pessoa. A liderança servidora direciona para que a responsabilidade de um líder seja aumentar a autoridade e a autonomia dos seguidores, incentivando-os a desenvolver sua autoestima e a experimentar suas próprias ideias.

3.4: O DESAFIO DE SER HUMILDE NUM MUNDO ACELERADO DE CONSTANTE AUTOAFIRMAÇÃO

O mundo atual, com essa grande aceleração da transmissão de informação, faz com que as gerações mais novas sofram mais com a pressa, a ansiedade e, às vezes, com o pensamento de que são "especiais". De fato, com esse fácil acesso à informação e autodidatismo digital cada vez mais intenso, as pessoas das gerações atuais são rápidas, conhecem mais de tecnologia, têm muita energia e rompem com o conservadorismo dos outros indivíduos das gerações anteriores. O ponto é que os líderes mais jovens podem negligenciar a experiência de colegas e subordinados com mais *tempo de casa* e terem problemas para aceitar conselhos e respeitar a hierarquia e as regras. Uma frase antiga já muito utilizada: "o cidadão já andou muito em estrada de chão, e por isso sabe todos os atalhos" reflete que só a vivência de situações, e principalmente de problemas, vai gerar a experiência real para formar um líder, que é o que se chama de conhecimento tácito, que é aquele que o indivíduo adquire ao longo da vida.

Vive-se num mundo digital de redes sociais com mil *likes* a seu dispor, cada postagem uma expectativa diferente, uma relativa facilidade de filtrar as informações e até as pessoas que te interessem ou não, e dessa forma quando se chega à organização onde se trabalha não é possível ter exatamente todos esses hábitos, pois temos que ouvir os outros, respeitar as opiniões divergentes e o mais difícil, parar de contar *likes* por minuto, pelo contrário, é necessário entender o mecanismo da meritocracia, que é o reconhecimento pelo esforço e resultado do trabalho.

3.5: AS PRINCIPAIS ATITUDES OBSERVADAS NO LÍDER QUE PRATICA A HUMILDADE

▶ *Não clama o mérito das conquistas para si mesmo*

A humildade desenvolve muito a autorreflexão e o autoconhecimento. O líder humilde sabe reconhecer as suas limitações e exatamente em que pontos, ou parte, outras pessoas o ajudaram em determinado feito. Se suas conquistas são reconhecidas, ele rapidamente reconhece a contribuição dos outros e facilmente cede o crédito. Além disso, ele não busca culpados num evento de não sucesso.

▶ *Lida bem com críticas e admite erros*

O líder humilde se esforça para deixar o ego de lado e estar aberto sempre para outras perspectivas e opiniões de outras pessoas. Isso acontece pelo fato de ele conhecer seus limites e respeitar os outros. O líder humilde recompensa em público e disciplina no privado. E é capaz de admitir erros, pois se sente aprendendo continuamente. Sabe pedir desculpas e oferece elegância àqueles que o ofenderam.

▶ *Elogia espontaneamente*

Reconhecer as virtudes e bons trabalhos das pessoas que nos cercam deveria ser um hábito comum, pois motiva a quem recebe, promove um ambiente positivo e de meritocracia, estimulando constantemente todos a melhorarem. Mas infelizmente muitas vezes isso não acontece naturalmente. É muito comum existirem ambientes tensos onde *feedbacks* são raros, principalmente os positivos. O líder humilde tem plena consciência do seu papel de motivador, e costuma reconhecer com frequência os bons trabalhos individuais e de equipe, pois tem a serena consciência que sozinho não atinge os resultados e que precisa o tempo todo desenvolver a equipe, e o *feedback* positivo ajuda nesse objetivo. O elogio bem feito sinaliza para a equipe o que o líder ou aquela organização quer das pessoas.

▶ *Valoriza a necessidade individual*

O líder humilde é capaz de equilibrar suas necessidades individuais com as necessidades do seu time. Quando os colaboradores reconhecem que o líder faz todo o possível para atendê-los, o que significa que ele se coloca no lugar das pessoas da sua equipe, eles retribuem dando o seu melhor para atingir os resultados que a empresa precisa alcançar. Quando se valoriza essa necessidade individual, as opiniões tenderão a ser mais ouvidas, as boas ideias terão mais chances de serem aproveitadas. O líder com bom equilíbrio emocional, em que a humildade é uma das suas características percebidas, é capaz de ouvir e valorizar as contribuições das outras pessoas e considerar como opção na busca dos melhores resultados. Esse líder sabe que a melhor solução surge da síntese de vários pontos de vista diferentes.

3.6: PRATIQUE SER HUMILDE

3.6.1: Reflita diariamente sempre sobre suas atitudes

Desenvolver a humildade não é fácil, e um dos processos mais difíceis para o ser humano é a reflexão de suas atitudes. Dentro da característica de humildade, o processo de autoconhecimento é muito importante, pois nos ajuda a identificar os comportamentos que não se alinham com os valores que queremos disseminar na equipe. Fazer esse exercício diário, e até anotar pontos de melhoria de atitudes na sua agenda, é fundamental para fortalecer a humildade e a sua evolução como pessoa e líder. Escolha algumas pessoas em quem você confia e tem liberdade, de preferência que conviva com você no dia a dia, para trocar ideias sobre seus comportamentos e atitudes, pois *feedback* é fundamental para fortalecer a característica de humildade.

3.6.2: Tome cuidado com o excesso de "eu" e prefira o trabalho colaborativo

- Desenvolva diariamente o hábito de oferecer e aceitar ajuda. Evite falar muito de suas habilidades, pois elas naturalmente serão reconhecidas no dia a dia, se realmente elas forem um destaque nas suas atitudes;

- Incentive sempre as tarefas em grupo que estimulem aprendizado. Lembre-se que demonstrar que precisa de colaboração para executar tarefas está longe de sugerir que você é ineficiente ou que não tem competência para tal atividade. Por outro lado, centralizar muito o trabalho assumindo que sempre você dará conta sozinho é algo que pode ser interpretado como individualismo em excesso. Reconhecer os próprios limites é uma grande demonstração de que está colocando os interesses de todos em primeiro plano.

3.6.3: "Por favor, não me interrompa"

Um sinal evidente de que você está sendo imperativo e desrespeitoso é quando, num diálogo ou reunião, você interrompe alguém durante sua fala. Evite ao máximo isso, pois incomoda muito as pessoas e é visto como uma atitude soberba e desrespeitosa.

Desenvolva o hábito de estudar a situação e saber o momento de falar e, se estiver em um grupo, sempre use o educado gesto de sinalizar com a mão que gostaria de falar. O fato de você se controlar nesse sentido, vai ajudar muito a desenvolver o hábito de se posicionar nas situações de cotidiano, como em reuniões e trabalhos em grupo.

Prestar a atenção no que o outro está falando além de ser um sinal de respeito, sempre vai ser útil para você se posicionar melhor na sequência.

3.6.4: Sorria, você sempre está sendo filmado

Todos nós já ouvimos um comentário sobre alguém do tipo "ele(a) tem um jeito arrogante", e às vezes mal conhecemos essa pessoa. Isso acontece pelo simples fato de que somos o que as pessoas enxergam e interpretam de nossos gestos, fala e comportamento. Se adquirimos essa imagem de arrogância, ela vai dificultar muito a interação com o grupo e a defesa de nossos pontos de vista. Portanto vale muito praticar algumas dicas:

- O simples gesto de cumprimentar a todos com simpatia jamais deve ser esquecido, isso inclui os desconhecidos que não trabalham com você, mas que você encontra no corredor ou sala do café;
- Numa contra-argumentação, tente perceber se você tem o tom de voz alterado, isso é uma perda de ponto imediato, mesmo que seu ponto de vista seja coerente, e se a outra parte perder o tom, seja sempre o elegante da história, sereno e confiante;
- Uma piada para quebrar o gelo ou uma pequena história é uma boa dica para tornar o ambiente mais leve e demonstrar que você é uma pessoa acessível e se preocupa com o bem-estar das pessoas. Mas cuidado com o exagero para essa descontração não se tornar uma inconveniência. É importante fazer no momento que ajudará a melhorar sua interação com o grupo.

3.7: O QUE NÃO DEVO FAZER SE QUERO PRATICAR A HUMILDADE

- Evite o *feedback* não construtivo, a famosa "bronca", principalmente na frente de muitas pessoas. Se a correção é necessária prefira um ambiente reservado. O constrangimento que a pessoa vai passar fará com que ela perca o respeito por sua autoridade e não entenda a essência de sua mensagem. Esse tipo de liderança está ultrapassado e fadado a desaparecer;

- Não ter tempo para as pessoas que trabalham com você é sempre algo que deve ser cuidado. Reserve pelo menos 30 minutos de seu tempo diário para interagir com os que convivem com você, que queiram tirar uma dúvida, e se não for possível de imediato, combine um horário próximo. Lembre-se que o líder está ali porque existe uma equipe, e não ao contrário;

- Não use o tempo todo a hierarquia para gerenciar o time, isso é um sinal de que sua mensagem como líder não está sendo entendida. Uma dica é procurar se envolver ativamente nos grupos de trabalhos criando referência de atitude e colaboração. Líder que só manda fazer e não participa e direciona o que tem que ser feito, não terá a equipe ao seu lado;

- Não se envergonhe de dizer "não sei", mas se preocupe em ajudar a sua equipe em fazer a pergunta certa para juntos descobrirem a resposta.

3.8: HUMILDADE: FAÇA SEU DIAGNÓSTICO!

Todo capítulo em que serão abordadas as características desdobradas do triângulo das competências, ao final será sugerido um *checklist* diagnóstico que permitirá você fazer uma autoavaliação para ter sua percepção de como está essa característica em você. As perguntas foram feitas sempre com base no escopo básico que foi abordado no capítulo. Todas são perguntas de *"sim" ou "não"*, que foram direcionadas para que o "sim" o leve ao comportamento esperado, e o "não" remeta que você tem oportunidades a trabalhar. São simples de serem respondidas e o maior ingrediente deve ser a sinceridade. Lembre-se que é algo para você, não será entregue a ninguém, é uma conversa com você mesmo.

E independentemente do resultado das respostas, você pode buscar praticar as dicas da seção "pratique" e da seção "o que não devo fazer", para melhorar seu comportamento nessa característica abordada no capítulo.

No capítulo 12, será feito um fechamento geral da autoavaliação de cada uma das características que você avaliou, e dessa forma poderá ter uma visão ampla de como está o seu "triângulo" e onde estão suas fortalezas e pontos de melhoria.

Tabela 2: Checklist de autoavaliação da característica humildade

	Questões avaliadoras — Humildade	Sim	Não
1	Você responde "não sei" com naturalidade sem isso te incomodar muito, quando perguntam algo relativo a uma área sua de conhecimento?		
2	Você é MAIS do tipo que ouve ou do que o tipo que fala?		
3	Você tem o costume de fazer perguntas que estimulem as pessoas a pensarem sobre um determinado fato em discussão?		
4	Você tem costume, vontade de fazer elogio às pessoas?		
5	Você já se viu em várias situações pedindo ajuda para um colega pouco chegado?		
6	Age com tranquilidade se for corrigido por alguém em público?		
7	Raramente interrompe as pessoas quando estão falando?		
8	Já aconteceram situações que você admitiu publicamente que a FALHA foi sua?		
9	Faz parte de você a frase "Eu aprendo com MEUS erros"?		
10	Já teve recentemente seu nome envolvido em algum tipo de polêmica entre colegas?		
TOTAL			

CAPÍTULO 4

EMPATIA E FEEDBACK

COLOCAR-SE NO LUGAR DOS OUTROS É A SÁBIA ATITUDE DE APRENDER COM O EXEMPLO E PROVAÇÕES ALHEIAS.

Podemos definir empatia como a capacidade de um indivíduo se colocar no lugar do outro, entender a maneira como o semelhante se sente, atua e interage com situações, pessoas e acontecimentos. Só o simples fato de aceitar que cada indivíduo pensa diferente e tem sua própria maneira de enxergar a vida e lidar com determinadas questões, já flexibiliza o conceito de certo e errado, e o "ter razão ou não" passa a ser algo dependente do ponto de vista em questão. Dessa forma, se alguém reage a algum fato de um modo totalmente diferente de você, não necessariamente quer dizer que essa pessoa está certa ou errada, mas sim que suas crenças e histórias de vida a fizeram pensar diferente de você. E neste mundo atual de muitas mudanças dinâmicas e quantidade de informações absurdas que lidamos no dia a dia, precisamos muito interpretar os fatos novos e entender como isso afeta nosso comportamento e o das demais pessoas que interagimos e convivemos.

Abordando a importância da empatia no mundo corporativo, muito se remete com melhorias necessárias na comunicação e nos níveis de confiança, independentes do nível hierárquico que falamos. Saber escutar as demandas das pessoas com as quais você convive e esforçar-se para entender a realidade deles é um grande caminho para imediata melhoria em qualquer ambiente em que você está inserido.

4.1: EMPATIA— PODER TRANSFORMADOR NAS RELAÇÕES HUMANAS

Se você tentar praticar diariamente a atitude de compreender o ponto de vista das outras pessoas com as quais convive ou trabalha, terá a chance de conhecer outros aspectos sobre algumas situações que não estão contempladas na sua visão do mundo atual. E é fato que ninguém passa uma vida inteira apenas com os ensinamentos que recebeu em casa e da escola. Portanto, interessar-se em entender melhor o que se passa ao seu redor que seja diferente do que você já tinha observado antes ou que esteja fora da sua verdade atual, ajuda a te moldar ao longo do tempo, adquirindo mais experiência e desenvolvendo sua empatia, que com certeza, poderá gerar mudanças positivas para você e para outros com quem convive. Isso não é algo simples de se fazer, é um exercício paciente e diário a ser feito em toda oportunidade que tiver, seja em situações pessoais com a família, grupos sociais que frequenta ou no local de trabalho.

4.2: A IMPORTÂNCIA DE SE COLOCAR NO LUGAR DO OUTRO EM TEMPOS DE DIVERSIDADE

Cada vez mais nossa sociedade tem evoluído em relação à aceitação global de grupos que, por muito tempo, já sofrem preconceitos relativos a divergências tais como raça, religião, política e orientação sexual.

Ainda há muito que evoluir, e podemos dizer que desenvolver a empatia pessoal muito ajuda a melhorar a aceitação de toda diversidade que temos no nosso meio social. Saber superar rótulos e enxergar o que há além deles, descobrindo a individualidade e perspectivas daqueles que convivemos ou passam por nós, é um grande diferencial que cada um de nós pode e deve desenvolver.

Um ponto inicial da prática de desenvolver sua empatia diante das diversidades que o cercam, seria a consciência de tentar bloquear seus julgamentos automáticos, frente a algumas questões. Nossa mente é muito veloz em nos bloquear e já de imediato nos direciona a pensar e tomar atitudes baseadas em nossas crenças preconcebidas, sendo que isso funciona quase como um mecanismo de autoproteção. Se você não tentar mudar essa ação quase instintiva, estará sempre querendo impor o seu modo próprio de pensar e agir. É importante destacar que ter empatia não é sinônimo de aceitar tudo o que vem contra seus conceitos individuais. Aqui eu falo primeiramente da serena iniciativa de ouvir e emitir esforço para entender o outro lado, sem julgamento predefinido, permitindo receber mais informações para depois construir uma visão da posição alheia a sua, com uma respeitosa consideração em relação ao ponto de vista da outra parte. Não tenha dúvida que só em praticar não ter o bloqueio inicial e ouvir mais, dará a você muito mais credibilidade perante as outras pessoas, pois a primeira coisa que um indivíduo busca no outro, independentemente da relação hierárquica, é o direito de se expressar.

4.3: EMPATIA E FEEDBACK PODEM E DEVEM ANDAR JUNTOS

A palavra *feedback* tem origem inglesa que significa realimentar ou dar resposta a algo que foi solicitado ou acontecimento. É uma prática muito difundida atualmente com muitos objetivos e entre eles o principal seria promover o relacionamento respeitoso entre as pessoas com foco no crescimento de todos, pois devemos considerar que tanto saber dar quanto receber *feedback* é um valioso aprendizado para os lados envolvidos.

E a relação entre empatia e *feedback* parece ser complementar, pois como seria dar um *feedback* e não ter empatia envolvida? Todos nós, como mortais seres humanos, somos passíveis de erros e falhas e por isso, acostumar-se a avaliar e conversar sobre nosso desempenho e dos membros da equipe com frequência, é algo impreterível de ser desenvolvido. Mas se esse retorno não vier com empatia, o estrago pode ser muito maior do que o benefício e poderá se transformar numa barreira de comunicação difícil de se remover depois.

Dessa forma, ter essa conversa com empatia é uma grande habilidade a ser continuamente desenvolvida. Um ponto importante é que *feedbacks* devem sempre trazer verdade e sinceridade, sem ser ofensivos, e devem dar a chance de quem recebe poder se manifestar quanto ao entendimento da mensagem (olha a empatia aí). Isso ajuda a identificar pontos de melhorias que necessitam de correção, mas que são abordados de forma impessoal e profissional. Quando um líder faz um esforço contínuo para entender cada um de seu time como seres humanos com individualidades e necessidades diferentes, assim como ele mesmo, e passa a atuar com *feedbacks* construtivos que ajudem o time no desenvolvimento pessoal e profissional, ele, com certeza, será visto como um exemplo a ser seguido, e como um líder justo e com empatia, convertendo a situação em maior produtividade no trabalho.

Como estou falando de empatia, receber bem um *feedback* é um grande exercício a ser trabalhado. É muito importante você ter canal aberto com as pessoas com quem trabalha e se relaciona para que você possa receber *feedbacks* que te ajudarão a se desenvolver e entender a percepção que os demais têm a seu respeito. No momento de recebê-lo, você está também praticando empatia, pois muitas vezes aquele retorno será de grande importância para a pessoa que está nos dando o *feedback*, pois será o momento de ela expor a opinião e percepção sobre nosso comportamento. O *feedback* recebido também não deve ser levado para o lado pessoal, e ouvir com atenção nesse momento é o maior exercício de empatia que se pode fazer.

4.4: OS TIPOS DE FEEDBACK

Com o objetivo de mostrar a abrangência e funcionalidade de um *feedback* bem conduzido, vou descrever seus tipos que encontramos na literatura especializada. Lembrando que neste capítulo não tenho a pretensão de esgotar esse rico assunto, por ser bem extenso, com diversas técnicas desenvolvidas por excelentes profissionais e com vasta literatura.

A TRÍADE DA COMPETÊNCIA

▶ *Feedback positivo*

É aquele usado para reforçar uma atitude, um comportamento positivo, visando afirmar e estimular que no mínimo aquele comportamento continue ou melhore cada vez mais. O *feedback* positivo também é chamado de reforço positivo. Um líder com empatia desenvolvida, não pode deixar passar uma oportunidade de dar esse retorno, pois ele será importante para a motivação e aprendizado daquela pessoa a recebê-lo.

▶ *Feedback corretivo*

Este tipo é utilizado para corrigir uma atitude ou comportamento inadequado, é claro, dentro de um contexto que mostre como aquela atitude não é condizente com um objetivo, regras de convivência e até mesmo a lei. Não é simples conduzir esse tipo de *feedback*, novamente a empatia deve ser um ponto presente, deve-se tentar conhecer bem a pessoa, suas características de reação, para aumentar sua a chance de aceitação, de forma que ele vire aprendizado. Muitas vezes, dependendo da forma que é abordado ou apresentado o assunto, a pessoa que recebe pode interpretar como algo "punitivo" e entender como ofensa. Por isso, é muito importante que o líder, ou responsável, exponha com muita clareza o objetivo daquele *feedback*: fazer a pessoa melhorar um comportamento que gerará um benefício pessoal e até coletivo.

▶ *Feedback insignificante*

É aquele de conteúdo vago ou genérico, ou seja, deixa dúvidas para quem recebe, o que realmente precisa ser corrigido ou até mantido, para o caso de ser positivo. Às vezes é utilizado com a crença que seu efeito será positivo. Mas, na verdade, a mensagem pode tomar outro caminho, deixando a pessoa que recebe confusa e até insegura, pois a mensagem não ficou clara em termos de propósito.

▸ *Feedback ofensivo*

É o tipo de *feedback* mais indesejado e com um poder altíssimo de destruição, no sentido de desagregar esforços e minar relações, por desqualificar ou desvalorizar a pessoa. Novamente a empatia aqui é extremamente importante, pois em algumas situações, por não ter se colocado no lugar daquela pessoa que está fazendo o feedback, você a ofende sem talvez perceber. Isso pelo simples fato de não levar em consideração que essa pessoa possa ter interpretado a mensagem para um lado indesejável de ofensa. Esse tipo provoca sentimentos como: raiva, medo, que pode fazer com que o indivíduo que recebeu, mude seu comportamento para uma postura ainda pior como constante defesa, agressividade e submissão.

A mensagem que se quer passar aqui é que o *feedback* é uma excelente ferramenta aliada a melhorar a relação de empatia do líder com o time, mas se for usado sem preparo, de forma inadequada, pode vir a gerar distanciamento em vez de proximidade e agregação.

4.5: AS PRINCIPAIS ATITUDES OBSERVADAS NO LÍDER QUE PRATICA A EMPATIA

▸ *Considera a individualidade com quem se relaciona ou trabalha*

Quem pratica empatia tem a preocupação em enxergar a individualidade do grupo com o qual interage, buscando respeitar suas diferenças profissionais e pessoais e utiliza isso como base para tomada de decisão para delegar tarefas e traçar desafios, aumentando sua assertividade de escolha da pessoa certa para a missão certa. Se essa pessoa ou líder conhece as diferenças individuais do seu grupo, quando sua ajuda a alguém se tornar necessária, provavelmente levará em consideração o jeito daquela pessoa e qual a melhor forma de apoio e tempo dedicado necessário, tornando sua intervenção e apoio mais eficazes.

▶ *Pratica a chamada "escuta ativa"*

Praticar escuta ativa seria retirar o foco completamente de você, durante uma interação, em uma reunião ou em uma conversa menos formal com alguém, e focar completamente na mensagem que está recebendo. Uma pessoa com boa empatia desenvolvida sabe da importância de ouvir o emissor da mensagem com atenção, gerando credibilidade e confiança para quem está falando. Para praticar a escuta ativa, deve-se bloquear durante a conversa fontes paralelas de informação, onde os mais famosos são o celular, e-mails, conversas paralelas, a televisão ligada e até o documento na mesa para assinar. A escuta ativa significa, em outras palavras, ouvir o outro na sua essência, assimilar a mensagem, e emitir a sua opinião se necessário, de forma respeitosa.

▶ *Utiliza o feedback como ferramenta de desenvolvimento e alinhamento*

O líder que consegue introduzir o *feedback* como uma prática bem aceita pela sua equipe, onde se desenvolve o hábito de se fornecer e receber *feedbacks* independentemente da proximidade de relacionamento entre as pessoas, consegue criar com o tempo, um ambiente muito mais transparente, mais leve, com menos diferenças de relacionamento entre pares, onde se torna muito mais viável falar sobre assuntos mais delicados. Ou seja, o líder usa o *feedback* para construir uma relação mais próxima com os seus liderados e pares. Ser próximo não se deve resumir aos momentos fora de expediente como confraternizações e churrascos mensais. A proximidade que se fala aqui é aquela que temos confiança e transparência em expor o ponto de vista e opiniões com respeito entre colegas e pares. Isso sim é um ambiente com empatia presente.

> *Tem boa percepção em entender quando alguém precisa de ajuda*

Quando um indivíduo tem a característica de empatia desenvolvida, parece ter um "sensor" eficiente em detectar quando alguém próximo está em dificuldades e necessita de ajuda. Isso porque é mais sensível em perceber as reações não verbais de quem está interagindo e desenvolve padrões de percepção para rapidamente captar se alguém está no seu estado normal ou não. Essa noção acaba por aproximá-lo das pessoas e fazendo com que aconteça uma interação melhor. O líder que tem esse entendimento consegue identificar com mais facilidade dentro do seu time quem precisa, em alguns momentos, de uma atenção e dedicação mais especial para superar determinado desafio ou instabilidade emocional. Quem consegue praticar esse comportamento, constrói uma relação de respeito e cooperação muito maior dentro do time.

4.6: PRATIQUE SER EMPÁTICO

4.6.1: Primeiro — Escute a si mesmo

Parece óbvio, mas é bom lembrar: o primeiro passo para tentar ser mais empático é entender a si mesmo. Muitas vezes, inconscientemente, nos iludimos em não aceitar alguns pontos do nosso comportamento que precisamos melhorar, até mesmo depois de um *feedback* corretivo, criamos uma "película da perfeição" que nos afasta do autodesenvolvimento e da mudança necessária, que nos levaria a interagir melhor com quem nos cerca. É preciso, então, primeiro saber ouvir o que sente. Se nos sentimos confusos sobre nossos sentimentos e sobre mudanças que precisamos fazer em nossas vidas, como vamos entender os outros?

Pratique se questionar e manter um diálogo interno positivo em momentos que você tem mais tranquilidade, como num retorno para casa, ao se deitar ou numa caminhada para relaxar. Empatia está diretamente ligada ao modo como tratamos a nós mesmos e enfrentamos nossos próprios problemas. O benefício está em adquirirmos mais estabilidade emocional para nos comprometermos em entender melhor as outras pessoas.

4.6.2: Interaja o máximo com as situações e pessoas

Participar e interagir com grupos nos ajuda a receber mais informações e percepções sobre as situações que nos cercam. Se você tem dificuldade em lidar com alguma situação ou indivíduo, faça o caminho contrário ao que naturalmente acontece. Em vez de evitar se envolver com tal situação ou pessoa, busque mais convivência e detalhes que te dê chance de mudar sua opinião ou até mesmo consolidar o que você já achava. Mas combata o preconceito (opinião formada antes de uma maturação sobre o fato) de não se dar a chance de vivenciar mais a situação antes de ter uma opinião final ou tomar uma decisão.

Numa situação de impasse, pratique ter a iniciativa de chamar para conversar, debater, com peito aberto e numa postura de escuta ativa no intuito de assimilar mais a situação. Não tenha dúvida que essa prática desenvolverá sua empatia e dará a chance de as pessoas também te conhecerem melhor.

4.6.3: Desenvolva a habilidade de dar e receber feedbacks

Como já abordei antes, o *feedback* é uma poderosa ferramenta para o desenvolvimento pessoal, seja na atitude de fornecer ou em receber. Ele é, muitas vezes, espontâneo, sem muita formalidade, que é interessante quando é baseado num objetivo específico, como reforçar um comportamento positivo ou corrigir uma rota específica. Frequentemente, é incorporado como uma forma de avaliação formal do profissional/indivíduo, sendo que nesse caso é muito importante para o sucesso e credibilidade deste haver uma organização mínima para executá-lo. Aqui vão algumas dicas que times experientes especializados em recursos humanos sugerem a respeito de se fazer um bom *feedback*:

- A preparação e escolha do ambiente: esteja preparado para o que tem a falar, começando pelos pontos positivos que servirão para contribuir com um bom clima para entrar nos pontos de melhoria. Um ambiente reservado deve ser escolhido, de preferência sem a observação e chance de interrupção por terceiros;
- Combinados são válidos: combinar antes como será a conversa pode ser interessante, alinhando expectativas, por exemplo, que será exposto o que tem para ser falado e depois haverá a parte da consideração de quem está ou-

vindo. É importante para controlar a ansiedade e não virar um debate;

- Deve ter claro início e fim: é importante no início definir o propósito do *feedback*, se houver uma razão ou motivo específico, deve ser deixado claro e não deixar de ressaltar que sempre se busca o benefício de melhoria de habilidades e relacionamentos, sem nenhum cunho de acusação pessoal. O encerramento deve ser num clima cordial, e reforçar os combinados, caso tenha sido planejado algo como, por exemplo, um plano de desenvolvimento com prazos definidos;

- Se estiver recebendo um *feedback*, evite de interromper quem está falando, pois pode tornar a conversa tensa e desrespeitosa. Você terá com certeza o momento de falar, é um direito seu.

4.6.4: Faça feedbacks curtos e instantâneos

Pequenos retornos entre líder e time, pequenos gestos que demonstrem que todos estão no caminho certo, ou que um ajuste imediato deve ser feito, sendo que até um simples bom dia sorridente ou um sinal não verbal positivo aprovando a atitude de alguém da equipe já é válido. Uma equipe bem trabalhada com *feedbacks* constantes pode apresentar as seguintes vantagens competitivas:

- Aumento da transparência entre o líder e o time;
- Melhoria da comunicação reduzindo as interpretações individuais que podem gerar insegurança em membros da equipe;

- Aumenta a chance para pequenas correções de rota;
- Quando são *feedbacks* positivos, renova o espírito positivo da equipe;
- Tira um pouco o time da rotina, a sutil "chacoalhada".

Algumas dicas simples que o líder pode praticar com facilidade no dia a dia e cada vez mais fortalecer a sua relação com a equipe e pares:

- Cuide o tempo todo do seu não verbal, aspecto sério, fechado, passa para equipe uma sensação de clima pesado. Lembre-se, o líder é observado o tempo todo pela equipe, sempre será o espelho com atitudes que refletirão diretamente em sua equipe;
- Aprenda a fazer a leitura de sua equipe, uns precisam de mais *feedback* que outros (por questões de autoestima etc.). Deixar de dar um *feedback* na hora certa, às vezes é pior do que chamar atenção;
- Deixe sempre claro para a equipe que *feedback*, quando assertivo e respeitoso, sempre é bem-vindo, seja para comemorar ou para corrigir rapidamente a rota;
- Se tiver uma notícia importante a ser dada, repasse de imediato a equipe, reforçando sempre o respeito e preocupação que tem pelo time, de mantê-los sempre atualizados;
- Aqueles indicadores que você escolheu para controlar, e dividir com a equipe, devem fazer parte da sua estratégia de feedback e você deve sempre se pronunciar para a equipe quando houver alterações significativas nesses indicadores. Uma informação só tem importância para um líder

e seu time, se ela é transformada em insumo para tomada de decisão;

- Tenha sempre tempo para sua equipe.

4.7: O QUE NÃO DEVO FAZER PARA TER EMPATIA

- Expressar preconceito contra qualquer tipo de adversidade, seja raça, religião, orientação sexual é uma péssima largada para quem quer desenvolver a característica de ser mais empático. Devemos ser naturais e sinceros sim, mas isso não pode ser sinal verde para pensarmos e, principalmente, falarmos o que quisermos a qualquer momento. Num mundo atual com informação tão abundante, busque sempre se informar sobe a transformação que o mundo vive. Num ambiente corporativo sempre focar o objetivo coletivo do time além das adversidades individuais;

- Hierarquia deve ser usada de forma sensata, ou seja, sem excesso. Muitas vezes a autoridade é utilizada como escudo para não se considerar os sentimentos dos subordinados, que são pessoas com necessidades individuais e que têm seu desempenho e vidas afetadas caso se sintam desrespeitadas. Excesso de autoridade e arrogância é como chumbo na corrente sanguínea, vai acumulando até gerar um colapso irreversível;

- Não perceber o momento que alguém precisa de sua atenção. O famoso distraído ou até mesmo egocêntrico que não percebe que é crucial a sua atenção para o outro indivíduo naquele momento. Isso pode gerar um bloqueio com a outra parte, quebrando a relação de confiança. Passamos a confiar mais nos momentos que nos sentimos apoiados. Não estar atento aos pequenos sinais de olhar, postura e gestos e até tom de voz, pode nos fazer perder a chance de fortalecer um forte laço com alguém de sua equipe ou até de sua convivência pessoal;

▸ Por último, os sentimentos de rancor e inveja jamais construirão empatia, e o maior envenenado com esses sentimentos será você. Se perceber esse foco de incêndio em você, trabalhe fortemente contra isso, pensando em coisas boas e positivas e aprendizados sobre esses fatos ou pessoas que te geram este sentimento.

4.8: FAÇA SEU DIAGNÓSTICO – EMPATIA E FEEDBACK

Responda a esse checklist com tranquilidade e sinceridade. Ele ajudará você a entender melhor como está nessas características. Após a autoavaliação, poderá praticar as dicas da seção "pratique" e da seção "o que não devo fazer" para melhorar seu comportamento nessas características abordadas aqui neste capítulo.

Tabela 3: Checklist de autoavaliação — Empatia e feedback

	Questões avaliadoras — Empatia e feedback	Sim	Não
1	Começamos pela mais difícil! Você tem o hábito desenvolvido de fazer autorreflexão da forma que age? Consegue ter uma consciência relativamente assertiva de seus erros?		
2	Você consegue com tranquilidade perguntar para alguém o que achou de uma atitude sua, que você mesmo está em dúvida se agiu bem ou não?		
3	Numa situação de impasse, você costuma ter a iniciativa de chamar para conversar, debater?		
4	No ambiente de grupo que você interage, seja universidade, trabalho e outros, você leva em consideração o "jeito" que a pessoa é ou se comporta para lidar melhor com ela?		
5	Você tem dois ouvidos e uma boca. É do tipo que escuta mais do que fala?		
6	Dar feedback, seja corretivo ou elogio, faz parte de suas atitudes do cotidiano?		
7	Você consegue lembrar claramente de um ou dois episódios em que um feedback corretivo te ajudou a corrigir um ponto de melhoria?		
8	Se você percebe que alguém do seu grupo de convívio não está bem, você chama para conversar?		
9	Já se viu na seguinte situação: eu tinha uma opinião e ouvindo novas versões, reconheci e mudei minha opinião (responda sim só se tiver um fato recente que recorda).		
10	As pessoas do seu grupo, independentemente de hierarquia, frequentemente costumam te pedir "conselho" ou opinião sobre algo?		
	TOTAL		

CAPÍTULO 5

RESILIÊNCIA – ENVERGA, MAS NÃO QUEBRA!

DESENVOLVER RESILIÊNCIA É UM CAMINHO CONTÍNUO PARA A MELHORIA DA PERFORMANCE

Vamos começar lembrando a origem da palavra resiliência, um termo oriundo do latim *resiliens*, que na ciência da física refere-se à propriedade que alguns materiais possuem de retornar à forma original após terem sido submetidos a uma deformação elástica. Agora vamos aplicar essa caraterística ao ser humano: Como seria um indivíduo resiliente? Com certeza não é um homem-elástico, mas sim um homem com a capacidade de se recobrar facilmente ou adaptar-se à má sorte ou às mudanças, principalmente após alguma situação crítica e fora do comum. Se esse conceito for mais trabalhado, eu posso afirmar que é a habilidade do indivíduo de se adaptar positivamente a situações de pressão, adversidades, desafios e transformações, mantendo o foco, a produtividade e a eficácia. Para um mundo em constante transformação, desafios de cenários de economia e globalização, com intensa renovação de tecnologias, a característica de resiliência é sem dúvida uma importante competência a ser desenvolvida ao longo da carreira e da vida.

5.1: A RESILIÊNCIA PODE E DEVE SER DESENVOLVIDA

Desenvolver a atitude de ser resiliente ajudará você a melhorar o equilíbrio emocional em situações de pressão. Uma pessoa com resiliência equilibrada é alguém capaz de agir de forma proativa, desenvolvendo uma performance para manter o foco nos objetivos traçados, em vez de simplesmente reagir diante dos efeitos das mudanças. Esse desenvolvimento pode continuamente melhorar o controle da parte comportamental para manter a racionalidade em situações adversas, e isso envolve controle do estresse emocional, não verbal e a forma de comunicar no momento de crise. Os líderes com resiliência desenvolvida controlam melhor os sentimentos e pensam, friamente, em soluções para os desafios, tendo a tendência de agir menos por impulsos, não tirando o foco do seu trabalho.

5.2: SER RESILIENTE É DIFERENTE DE SER APENAS INSISTENTE

Desenvolver a resiliência contempla um processo de aprendizado constante e até de mudança de conceitos, não se tratando apenas de insistir no mesmo ponto. A pessoa resiliente desenvolve a capacidade de refletir sobre os seus erros e, ao longo do caminho, entender seus pontos fracos e aprender com isso. Esse é um fator essencial para o desenvolvimento da liderança. Além de usar seus fracassos para se tornar mais experiente e sábio, o indivíduo resiliente é flexível o suficiente para se adaptar às novas situações e mudar suas estratégias.

Ao ponto que apenas insistir significa focar toda sua energia para um objetivo, porém de maneira sempre igual, sem correção de rota, sem buscar soluções novas e sem captar novos caminhos. É como insistir sempre em algo que você percebe que não vai para frente, mas continua fazendo tudo da mesma maneira. Muitas vezes, quando as coisas estão difíceis demais, quando o caminho não está claro, é o momento de pensar: Será que isto realmente é para mim? Será que não estou insistindo em algo que não é o meu caminho a seguir? Quando algo está difícil demais, depois de persistir, é claro, talvez seja o momento de descansar e realmente avaliar a situação.

5.3: O DESAFIO DE SER RESILIENTE NOS TEMPOS ATUAIS DE CONSTANTE TRANSFORMAÇÃO

A velocidade que as informações atualmente circulam faz praticamente cada hora de nossas vidas serem, às vezes, muito diferentes, levando-nos a tomar decisões sob pressão, e em algumas situações, tendo que ter a serenidade e coragem de assumir riscos nem sempre possíveis de serem 100% calculados. Essas situações têm grande potencial para mexer com o nosso emocional, fazendo-nos viver o tempo todo sofrendo esse impacto, sendo que isso está longe de ser um estilo de vida saudável e almejado por todos. Mas se a pressão é inevitável, a blindagem tem que vir de "dentro para fora". O desafio então é controlar a ansiedade e transformar o que parece ser um revés, em potencial de oportunidade. O profissional resiliente busca ser mais produtivo em tempos de crise, analisando alternativas para superar os problemas, apoiando colegas que se abatem mais facilmente com as dificuldades em eminência. O ponto aqui é tentar, a todo momento, transformar a pressão como insumo positivo, admitindo quando possível e necessário que o planejado no curto prazo terá que ser colhido no médio prazo, mas não foi descartado e sim replanejado.

Sob o ponto de vista da resiliência, trabalhar sob pressão é responder com velocidade às condições negativas, buscando criatividade, tendo integridade de não desconstruir o ambiente em volta, com foco em soluções que consumam poucos recursos. Embora isso possa parecer uma fórmula mágica pouco exequível, podemos aqui adotar como uma constante estratégia pessoal de encarar as situações e desafios do dia a dia. Sobre responder às situações adversas com velocidade, não é, com certeza, agir com coração e pouca racionalização, mas sim enxergar a realidade com otimismo, e as mudanças como necessárias, encorajando os demais do time a enfrentar a crise com bom equilíbrio emocional, foco e proatividade.

5.4: A TRÍADE QUE CONSTRÓI A RESILIÊNCIA

A construção da resiliência no indivíduo não é simples, pois está embasada em três elementos distintos que, quando presentes e desenvolvidos, fazem com que naturalmente este tenha uma resiliência frente aos desafios enfrentados. Pode-se dizer que esses três elementos distintos se complementam para fortalecer a resiliência (Figura 3).

▶ **Adaptabilidade**

Adaptabilidade se refere ao quanto você é capaz de se adaptar a uma nova necessidade, e conseguir resistir em meios e condições adversas daquelas as quais foi acostumado a viver. Alguns possuem mais facilidade, mas todos podem e devem desenvolver e fortalecer essa habilidade. E isso é muito necessário, pois as mudanças estão sempre presentes em nossas vidas, seja ela pessoal ou profissional, que na maioria das vezes não são opções, são impostas de forma situacional, para se buscar outros objetivos, ou compulsoriamente, sem opção "B" de escolha. Pessoas com boa adaptabilidade interagem de forma correta às diferentes mudanças nas mais diversas áreas.

▶ **Flexibilidade**

A flexibilidade pode se confundir um pouco com adaptabilidade, mas é possível dizer que é algo mais dinâmico do dia a dia, de como o líder, o indivíduo modifica as configurações de seu modo de atuar, de recursos disponíveis para dar melhor direção aos objetivos. Líderes que são flexíveis estão abertos à mudança e são capazes de se adaptar e ajustar continuamente sua rota às novas circunstâncias. Esse exercício diário de flexibilidade, tendo o cuidado de não perder o foco dos objetivos, permite sermos mais eficazes como solucionadores de problemas. Flexibilidade pode e deve gerar mais criatividade no grupo.

A TRÍADE DA COMPETÊNCIA

▶ **Aprendizagem**

A aprendizagem e a resiliência se correlacionam intensamente uma vez que a dificuldade diária enfrentada para superar os desafios é que gera a experiência de se fortalecer e se moldar melhor para buscar a superação, até mesmo para que as ideias e a conscientização do que se aprendeu possam ser mais rapidamente internalizadas e, assim, serem usadas como reserva potencial de ações e decisões futuras, seja no plano pessoal, seja nas organizações.

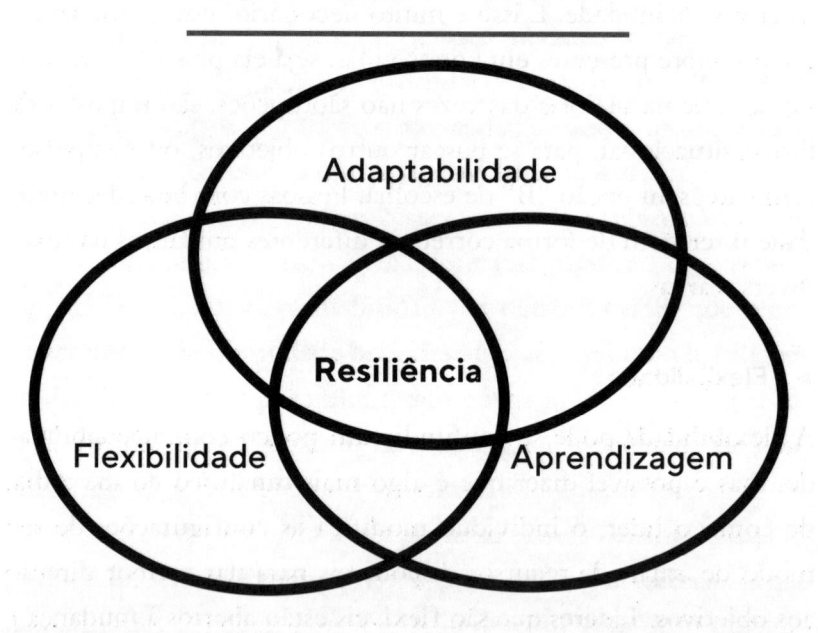

Figura 3: A tríade da resiliência

5.5: AS PRINCIPAIS ATITUDES OBSERVADAS NO LÍDER RESILIENTE

- *Tem uma autoestima e confiança acentuadas*

Por mais difícil que seja a situação, a pessoa resiliente nunca deixa de acreditar na sua capacidade e de seu time de achar a melhor solução para o momento. Sempre possui a mensagem positiva, mas sem ignorar a realidade de revés do momento, incentivando a participação de todos na resolução de problemas, reconhecendo que não é o super-homem, que carregará o mundo sozinho. Nesse ponto aqui também aparece a humildade para pedir ajuda e gerar sinergia para esforço na solução da crise. Os erros são vistos como oportunidades de se aprender, recomeçar e fazer melhor.

- *É bem-humorado e independente*

Um líder resiliente é de bem com a vida, não poupa risadas e pensa em um problema de cada vez e na hora certa, o que dificilmente provoca angústia e sofrimento antecipado. O bom humor presente no coração ajuda a manter a calma na hora da crise e a tomar decisões racionais, com boa análise crítica do cenário. Possui um mecanismo natural de descarga de tensão e recarga de bom humor. É independente, mas sem significar que ache que não precisa de ajuda, mas tem o autocontrole emocional de saber quando precisa acionar a "cadeia de ajuda".

- *Nunca, jamais abandona seu propósito, pois é o ar que respira*

No dia a dia, e principalmente naqueles dias de crise, fica fácil desviar dos objetivos e propósitos de vida. A pessoa resiliente tem mais foco em não perder isso de vista. O propósito é sempre o fim, e até as correções de rota e mudanças de direções, que por mais que possam aumentar um pouco o tempo, são feitas pensando no propósito, porque simplesmente essa pessoa resiliente se programou internamente para que "o ar que respire" seja seu propósito, seu objetivo maior, e dessa forma se parar de buscar o propósito, sufoca e "morre". Manter esse forte senso de propósito é fundamental para que as adversidades vividas façam parte do próprio processo de cura.

▸ *Ele pratica ser positivo*

O fortalecimento da pessoa resiliente vem de sua habilidade de identificar o lado bom das situações de crise e gerar aprendizado para a vida. Praticando esse pensamento positivo, afasta naturalmente os pensamentos e pessoas negativas, que, com certeza, só afastarão o foco na solução da saída da crise.

5.6: PRATIQUE SER RESILIENTE

5.6.1: Reflita sempre — O que tem de bom no ruim?

Em qualquer situação de dificuldade ou desafio, pense ou até mesmo escreva sobre qual aprendizado você teve com aquela experiência ruim, seja uma apresentação, uma entrevista, um projeto, uma reunião, uma prova, ou até um relacionamento, enfim, o que você tirou de proveito para incorporar na sua inteligência emocional, para não repetir o mesmo erro. Às vezes são coisas muito simples, mas que precisam ser internalizadas e praticadas. Por exemplo, se você fez uma apresentação para um público e ficou muito nervoso a ponto de isso atrapalhar sua performance e clareza do conteúdo que você queria passar, que tal a partir de agora treinar antes e até pedir opinião para alguém de sua confiança? O ponto aqui é quebrar a inércia e até o pânico quando você se encontrar numa situação difícil, ajudando a sair daquela síndrome de "fundo do poço". Perceba que seu emocional sempre melhora não só quando atinge o objetivo, mas a partir do momento que você enxerga uma alternativa para sair da dificuldade. Pratique isso em toda situação difícil que passar.

5.6.2: Tenha propósitos equilibrando vida profissional e pessoal

Para se sentir pleno e realizado, o ser humano tende a ter um equilíbrio em alguns pilares como:

- Família;
- Saúde;
- Profissional;
- Fé;
- Vida social.

São todos pilares importantes, e se um deles é suprimido, gera impacto nos demais, num grau menor ou maior de acordo com o momento de cada um. A única moeda que você tem para "gastar" com esses pilares é o seu tempo. Aqui vale o mesmo princípio de gerenciar uma carteira financeira, vale investir em um só negócio? E se aquele investimento único falhar, como você sobreviverá? Portanto para ter um equilíbrio emocional que garanta uma resiliência capaz de fazer você superar momentos difíceis, equilibre esses pilares.

Uma dica: defina um ciclo de tempo que ache razoável, por exemplo, uma semana, e dentro daquele ciclo defina a frequência que você fará alguma coisa relacionada a esses importantes pilares (pode ser que você tenha um pilar específico que não foi colocado aqui), por exemplo, se for uma semana, quanta vezes vou fazer algo com meus filhos, quantas vezes vou me exercitar e assim por diante. Anote e comemore sempre que conseguir cumprir mais que 70%.

5.6.3: Troque os pensamentos negativos pelos sentimentos positivos

Mantenha o tempo todo uma programação de positividade em sua mente, o que não é tão simples, pois os exemplos de negatividade nos dias de hoje tendem a ser mais evidentes e próximos de nós com toda a carga de informações que recebemos o tempo todo. Para aumentar a resiliência, uma mente positiva deve ser desenvolvida, reduzindo a incidência de pensamentos de viés negativo. Uma coisa muito boa de fazer é tentar o tempo todo agradecer o que recebe, seja mentalmente ou verbalmente. Se você praticar este hábito de agradecer o tempo todo, naturalmente cultivará uma positividade que aos poucos moldará sua resiliência. O sentimento negativo deve ser eliminado, pois bloqueia nosso pensamento racional e assim nos desequilibra nas situações de pressão. E sentimentos como medo, raiva, trazem adrenalina em doses exageradas que podem ser prejudiciais para saúde, afetando os hábitos fisiológicos vitais como dormir, comer e relaxar. Algumas práticas de relaxamento podem ser boas ferramentas para fortalecer o corpo e a alma para pensamentos positivos:

- Meditação;
- Oração;
- Exercício físico;
- Praticar um hobby.

Inclua pelo menos dois desses em sua vida, para deixá-lo mais leve, preparando você cada vez mais física e mentalmente para desenvolver essa importante característica que é a resiliência.

5.7: O QUE NÃO DEVO FAZER SE QUERO DESENVOLVER RESILIÊNCIA

- Não perca sua paciência com os contratempos comuns da vida, como trânsito, chuva que não esperava, o mal-educado na fila etc. Use a famosa pergunta: Isso realmente me afeta? Faça uma poupança da sua paciência, pois quanto mais você entra no estilo "pavio curto", mas terá sua resiliência minada;
- Não leve a "ferro e fogo" tudo que as pessoas falam, releve as piadas inúteis e alguns deboches. Às vezes aquela atitude de "se fingir de morto", relevando algumas bobagens que nos falam, vale como estratégia para não ter sua paciência e bom humor gastos à toa;
- Não seja o mais ansioso do grupo, principalmente se você for o líder. Ansiedade é um mal terrível. Transforme a an-

gústia negativa em energia para estimular a si e os outros a buscarem soluções. As pessoas resilientes sabem que por mais difícil que seja o momento, é melhor entrar em acordo com a espera do tempo real para as coisas acontecerem, sem é claro procrastinar, do que sofrer uma ansiedade inútil. Em lugar de resistir ao que está acontecendo, quem tem resiliência, aceita condições inevitáveis e além de seu controle, e tem consciência de que as coisas podem melhorar;

▸ Não seja rancoroso, pratique sempre perdoar o mais rápido possível, se for necessário, seja perdoar a si mesmo por algo errado que fez ou perdoar alguém por uma injustiça. Não gastar esse tempo remoendo sobre brigas e queixas o fará mais leve e resiliente, dando mais força para o que realmente importa.

5.8: FAÇA SEU DIAGNÓSTICO — RESILIÊNCIA, VOCÊ SÓ ENVERGA OU QUEBRA?

Responda às perguntas ligadas à característica resiliência. Após a autoavaliação, você pode praticar as dicas da seção "pratique" e da seção "o que não devo fazer" para melhorar seu comportamento nessa característica abordada aqui neste capítulo.

Tabela 4: Checklist de autoavaliação da característica resiliência

	Questões avaliadoras — Resiliência	Sim	Não
1	Atualmente, no seu dia a dia, quando algo sai do seu planejamento, vários imprevistos surgem, você consegue administrar bem seu emocional e seguir em frente?		
2	Atuar sob certa pressão te dá mais motivação e "adrenalina" para pensar e buscar a solução dos problemas e atingir o resultado?		
3	Confiança e autoestima: atualmente, nos últimos desafios que enfrentou, você considera que sua confiança em que teria êxito nesses desafios, era satisfatória?		
4	Você costuma *com frequência* "sofrer" por antecipação em possíveis situações futuras de problema?		
5	Você consegue se manter bem-humorado e positivo na maior parte do tempo, em especial em dias mais tensos?		
6	Nos seus principais projetos, sejam profissionais ou pessoais, você consegue ter claro continuamente, seu propósito, seu grande objetivo que busca naquele projeto?		
7	Tem o hábito frequente de buscar algum tipo de aprendizado/lado bom de algo que fez e saiu errado, do seu controle?		
8	Atualmente, se você fosse anotar em um papel todos seus pensamentos durante um dia inteiro, eles seriam mais positivos do que negativos?		
9	Você considera que atualmente "os pilares" de sua vida (saúde, profissional, família e social) estão em um equilíbrio que podemos chamar de saudável?		
10	Você se considera uma pessoa tranquila, que não guarda rancor das pessoas? (Seja sincero com você mesmo na resposta!)		
TOTAL			

CAPÍTULO 6

COMUNICAÇÃO TRANSPARENTE

A COMUNICAÇÃO ASSERTIVA SEMPRE SERÁ UMA GRANDE FONTE DE COESÃO E CONVERGÊNCIA DE ESFORÇOS EM UMA EQUIPE.

A comunicação sempre é uma competência muito discutida e um tema frequente de autores e de muito interesse de todos nós em qualquer momento da carreira, ainda mais com a mídia evoluindo numa velocidade intensa e cada vez com mais inserção em todos os meios. Se a comunicação não for bem feita ou dentro de uma expectativa esperada, não será simples de bloquear ou reverter seus efeitos de interpretação e poder de mudar o rumo dos fatos, seja numa empresa ou entre indivíduos. O ato de "se comunicar bem" se tornou cada vez mais complexo. Existe uma diferença entre falar e comunicar.

A fala é um recurso natural que a maioria das pessoas tem, já se comunicar pode apresentar três formas: a verbal (pela fala, usando as palavras), a não verbal (pelos gestos, nossas expressões, tom de voz, aparência) e, por fim, através da escrita (usando as palavras em variadas línguas). O grande desafio da comunicação é expressar o que se deseja através da fala. Isso quer dizer, como tornar comum uma mensagem e gerar uma ação no ouvinte. Muitas vezes você é mal interpretado não pelo que disse, mas pela forma como se expressou, seja pelo tom de voz, pela expressão facial e outros.

6.1: A COMUNICAÇÃO CAMINHA COM A MUDANÇA DE ATITUDE

Um dos pontos mais importantes de uma comunicação eficaz é quando ela transforma a atitude das pessoas. Se a comunicação apenas muda as ideias do grupo e até da organização, mas não provoca nenhuma mudança de comportamentos, então ela não atingiu seu resultado mais esperado. O líder deve estar muito atento para desenvolver uma política de comunicação que consiga engajar os colaboradores, gerando satisfação. Se isso acontece, é porque eles enxergam que estão em um lugar onde existe transparência, objetividade e espírito de cooperação na forma de se comunicar. Como um dos benefícios trazidos pelo investimento em uma comunicação assertiva e eficaz nas empresas é a transparência, o clima organizacional melhora de forma considerável, pois os gestores compartilham todas as informações necessárias com seus colaboradores, tornando a equipe mais motivada e altamente valorizada, pois se sentem parte importante do processo.

6.2: COMUNICADOR – CONHEÇA BEM O SEU RECEPTOR!

Cada grupo, ou até mesmo cada indivíduo, é uma "ilha" cercada de diferentes expectativas por todos os lados, e dessa forma, cada um tem a sua própria interpretação e construção dos fatos, que tem como base seu conceito de vida, caráter e vivências adquiridas durante toda a sua existência. Ou seja, as pessoas não agem da mesma forma frente à mesma situação, pois seu modo de pensar é embasado em questões culturais e particulares. Com isso, a forma de se expressar, a escolha das palavras, o tom da voz ou o meio utilizado na comunicação influencia tanto na maneira como o ouvinte interpretará a mensagem recebida quanto na forma que essa mensagem será transmitida. Por isso, é importante entender quem é o seu receptor para se comunicar com ele de uma maneira que seja fácil para ele compreender e para que a mensagem seja recebida exatamente da forma como foi transmitida, sem interpretações distorcidas. Dessa forma sempre leve em consideração no momento de se comunicar, seja numa reunião, palestra e na comunicação normal do dia a dia, qual o público receptor, levando em consideração os seguintes aspectos:

- O nível hierárquico dos receptores, pois isso muda o nível de detalhamento da mensagem e o quanto o receptor está disposto a ouvir, se será num modelo mais estratégico ou mais operacional, com mais detalhes de planejamento e execução;
- Seu histórico de envolvimento com esse grupo, se já houve momentos difíceis no passado, pense em direcionar a conversa buscando caminhos que não levem aos mesmos

impasses do passado. Por exemplo, se houve problema de algum tópico não resolvido ou desconfortável no último contato, invista nesse item e comece a conversa com novidades positivas sobre o tópico, se for possível;

> Num ambiente de resistência, desarme-se de imediato e ponha em prática o momento de ouvir, fazendo perguntas para o receptor que o faça entender que você, acima de tudo, está interessado em entender o ponto de vista dele;

> Se não conhece o público, a natural empatia respeitosa, o sorriso e o cumprimento individual às pessoas, sempre é um ótimo começo.

6.3: A INTEGRIDADE E A CONFIANÇA CONSTROEM A COMUNICAÇÃO

O bom nível de comunicação evoluirá conforme a confiança e a certeza de sua integridade forem se fortalecendo dentro daquele grupo com o qual você interage. No mundo atual, com pessoas mais esclarecidas, e com informações mais acessíveis, o comunicador que apenas é "bom de papo" não se sustenta, pois as pessoas cada vez mais querem construir relações de confiança com seu líder, sentirem-se apoiadas mais do que cobradas, buscando sentido e significado das ações deste. O mundo está muito mais perceptivo e a coerência entre o falar e o fazer está cada vez mais valorizada. Ou seja, sua atitude com as pessoas no dia a dia será decisiva na construção de sua comunicação, como se fosse uma poupança que você depositasse um pouco a cada dia. Consequentemente, quando o time percebe transparência e consistência no seu líder, aumenta o engajamento e a comunicação tende a ser mais fácil, direta e menos interpretativa, pois a confiança está estabelecida. O líder transparente que tem a confiança da equipe possibilita ao time focar com mais intensidade em seus objetivos, propósitos e atividades, e trabalhar com menos estresse, desgaste e fantasias, que são as características que aparecem quando não temos uma boa relação de comunicação estabelecida. Ser transparente é o primeiro caminho para melhorar a comunicação, pois quanto mais você se abrir, repartir suas ideias e compartilhar pensamentos, mais influenciará as pessoas a enxergar a realidade sob sua perspectiva e sobre os projetos para o grupo.

6.4: AS PRINCIPAIS ATITUDES OBSERVADAS NO LÍDER QUE SE COMUNICA COM CLAREZA E TRANSPARÊNCIA

▶ *A transparência é um valor fortemente praticado por ele*

A transparência faz parte do seu perfil e caráter, agindo sempre dessa forma, não somente nos momentos convenientes como reuniões e avaliações formais. Não é enigmático, é previsível, é admirado pela sua constância de propósito e não desestabiliza a equipe com seus altos e baixos comportamentos. Assume seus erros, tentando puxar o aprendizado destes para corrigir a rota. É cuidadoso nos alinhamentos das entregas, e tem preocupação de compartilhar informação e conhecimento que ajudará o time a se conectar nos objetivos.

- *Trabalha de forma construtiva, sem ressentimento no coração*

Se for necessário, o líder dá um retorno corretivo, mas construtivo e constante, para não travar o desempenho do colaborador. Nesse momento, a serenidade para lidar com a situação também aparece, confirmando a confiança que ele tem na equipe. E na correção de rota, esse líder bom comunicador, foca muito no propósito do *feedback*, explicando o porquê.

- *É flexível e quando é preciso, ouve a outra pessoa*

Flexibilidade sempre será uma característica importante para tornar o caminho para o resultado menos árduo e sofrido. É preciso criar um ambiente que permita a qualquer um da equipe se sentir confortável em discutir e opinar sobre as tarefas e as entregas. Essa liberdade faz parte do elo de confiança construído com o time. Se for necessário, esse líder parará tudo e ouvirá.

- *Agradece e comemora em tempo real*

Um bom líder comunicador sabe que qualquer oportunidade de mostrar que estão no caminho certo não deve ser desperdiçada, dessa forma, não perde a chance de comunicar e comemorar os pequenos resultados e agradecer a sua equipe direta e demais envolvidos, reforçando o ambiente positivo e motivador. Mesmo quando o tempo estiver curto, não deixa de executar a importante missão de agradecer.

6.5: PRATIQUE COMUNICAR COM CLAREZA E TRANSPARÊNCIA

6.5.1: Estude o receptor de suas mensagens

Desenvolva o hábito de sempre estudar e conhecer os principais receptores de suas mensagens, como seu nível hierárquico e o nível de conhecimento sobre o assunto que você abordará. Por exemplo, se você vai a uma reunião apresentar o status de um projeto, e só tem gerentes, o nível de detalhamento será diferente, se for um público mais operacional, a tendência será eles demandarem mais detalhes. O que devemos evitar aqui é o receptor ter a sensação de que está perdendo o seu precioso tempo, seja por excesso ou por falta de informação, fazendo ele não se conectar totalmente com sua mensagem de comunicação. Se você não tem essa informação do perfil do público, vá atrás para conhecer, pois ela será preciosa. Caso esteja lidando com pessoas que já conhece, como por exemplo, membros já pertencentes a sua equipe, fica mais fácil praticar isso, pois ainda nesse caso você tem chance de ser mais assertivo na sua comunicação, adaptando-a para o perfil deles. Por exemplo, para uma pessoa mais descontraída você pode ser mais informal, se a pessoa gostar de mais detalhes, você pode utilizar isso a seu favor dando mais informações, aumentando o interesse do receptor, e por aí vai.

6.5.2: Pratique ouvir, só ouvir

Durante o processo de comunicar, a percepção das reações do receptor e da opinião deste a respeito do assunto é fundamental, pois além de mostrar respeito por ele, ajudará você a ter elementos para adaptar a mensagem, se for necessário, para o processo de convencimento e aceitação da mensagem. Mas levando em consideração a natureza humana, isso não é fácil, pois há um ditado popular muito verdadeiro que diz: "Temos dois ouvidos e uma boca", mas sempre insistimos em falar mais do que ouvir, o que nos dificulta colocar o "ouvir" em prática com mais frequência. Sendo assim, alguns pontos podem ser úteis:

> Durante a comunicação, utilize termos como "o que vocês acham", "vocês concordam?" Pois isso motivará em você uma disciplina em promover um momento para as pessoas falarem;

> Quando as pessoas estiverem falando, faça um grande esforço para não as interromper, pois pode gerar um grande bloqueio na comunicação;

> Tenha muito cuidado com o contato não verbal quando está ouvindo as pessoas, o líder incentivador deve fazer grande esforço para deixar as pessoas à vontade para exporem suas ideias;

> Seja disponível para sua equipe quando quiserem falar com você. Isso ocasionará mais confiança e respeito, fortalecendo o canal de comunicação entre líder e equipe;

> Para ver como este último item é de grande importância, pense em um líder com quem você já trabalhou e que tem seu respeito e admiração. Faça a seguinte pergunta: ele ouvia as pessoas? Certamente sim, pois parte de sua admiração por ele é porque ele respeitava sua opinião e a você como pessoa.

6.5.3: Na comunicação, só pratique o improviso se estiver muito seguro

A comunicação feita por um líder envolvendo bem a equipe e passando a mensagem de forma assertiva é um passo muito importante para a busca de resultados e engajamento. Portanto não desperdice as oportunidades de aprimorar a comunicação, considere-a realmente como uma estratégia de liderança. Para isso, seguem alguns pontos estratégicos:

- **Planeje seus discursos, escreva e leia, fazendo uma autocrítica, e não se envergonhe de pedir opinião a pessoas mais experientes. Faça a pergunta: Estou mantendo foco no meu objetivo?**
- **Organize suas pautas de reuniões, cuidando com o tempo que está dando para cada assunto, com base na importância que você quer dar em cada um deles. Melhor tratar três assuntos prioritários de forma consistente, do que oito de forma superficial e que acarretará em retrabalho depois para novos alinhamentos;**
- **Não force a comunicação ou diálogo a qualquer custo, aquela famosa frase "Posso falar com você um minuto?", "É urgente, mas rápido!". Respeitar a agenda dos outros é uma grande moeda de troca se você quiser ser ouvido e passar sua mensagem. Estude o melhor momento de falar algo importante. Esse planejamento faz você ganhar tempo para a assertividade da comunicação. Se você despacha assuntos no elevador, no cafezinho e no almoço, e acha que é efetivo e rápido em comunicar, reveja seus conceitos.**

6.5.4: Por outro lado, planeje ter um plano de contingência

Esse caso é diferente do improviso, abordado no item anterior. Aqui seria uma espécie de plano "B" de contingência, caso a situação da mensagem não sair conforme o planejado. O ideal é ter doses controladas de humor, histórias e provocar o grupo para pensar junto numa solução melhor, envolvendo a participação de todos. Esteja preparado para questionamentos e resistências e não hesite em dizer que não sabe de imediato a resposta, mas que será sua prioridade buscá-la.

6.5.5: Vigilância constante – Cuidado com o tom de voz e o não verbal

Comunicamos mais de 90% da nossa mensagem de modo não verbal através do tom de voz, gestos, postura, jeito de nos conduzirmos e falarmos etc. Dessa forma, deve-se cuidar muito da forma que dialogamos e nos comunicamos. Gestos positivos e firmeza no tom de voz reforçam a segurança do líder, por outro lado, gesticulações em excesso e tom de voz com muita variação entre calmo e mais agressivo pode intimidar o receptor. Uma boa dica para calibrar a sua postura é observar pessoas no seu dia a dia ou até celebridades que você sente que passam confiança e credibilidade e analisar seu comportamento, identificando como elas se comportam em gestos, voz, postura e outros comportamentos. O contrário também funciona, identifique situações que você se sentiu constrangido com a atitude de alguém, e mapeie esse comportamento.

O QUE NÃO DEVO FAZER PARA COMUNICAR COM CLAREZA E TRANSPARÊNCIA

- Não deixe de reconhecer a importância do *feedback* com a equipe, pois ele relaxa o ambiente e evita interpretações alucinadas dos fatos. Se tiver dificuldade de dar e receber *feedback*, não considere isso normal e aceitável em um perfil comportamental. Procure ajuda de profissionais mais experientes ou até de psicólogos para destravar esse bloqueio;

- Não considerar as pessoas como o foco principal de qualquer comunicação é um grande erro. O ser humano não quer ser tratado como máquina, querem atenção e motivação que estimulem seus propósitos pessoais. O gerenciamento da comunicação para ser efetivo deve ser tratado levando em conta a individualidade e diferenças entre grupos;

- Não desista nunca de ser simpático, de sorrir, de dar bom dia e até de dar boas gargalhadas com a equipe, dentro de um contexto aceitável. Seriedade o tempo todo faz mal para a saúde da equipe;

- Não omita informação se houver possibilidade de que alguém já saiba, melhor acelerar a comunicação do que passar por omisso e cair em descrédito;

- Não especule com os colegas informações não oficiais, não se envolva em conversa duvidosa e fofocas, tenha certeza de que essas situações nunca serão proveitosas e sim uma mancha na sua imagem.

FAÇA SEU DIAGNÓSTICO – COMUNICAÇÃO TRANSPARENTE

Responda às perguntas abaixo ligadas à característica comunicação transparente. Após a autoavaliação, você pode praticar as dicas da seção "pratique" e da seção "o que não devo fazer" para melhorar seu comportamento nessa característica abordada aqui neste capítulo.

Tabela 5: Checklist autoavaliação da característica comunicação transparente

	Questões avaliadoras — Comunicação transparente	Sim	Não
1	Você é do tipo que ouve mais do que fala?		
2	Você não tem o costume de interromper os outros quando falam? Se você lembrar de mais de dois episódios em que isso aconteceu, responda "NÃO".		
3	Já elogiaram você como "bom comunicador", bom orador?		
4	Você se mantém calmo numa apresentação para uma plateia que não conhece? Se você lembrar de mais de dois episódios em que ficou muito nervoso, responda "NÃO".		
5	Num debate mais caloroso, você consegue manter relativa tranquilidade, sem aumentar o tom de voz e demonstrar irritação? Se você lembra de mais de dois episódios em que ficou irritado e alterou o tom de voz, responda "NÃO".		
6	Numa apresentação em público, é uma característica sua fazer pequenas "piadas" ou mostrar bom humor como estratégia de descontrair os demais?		
7	Quando você faz uma apresentação para um grupo, sempre avalia quem é seu público alvo e faz adaptação do conteúdo para diferentes públicos?		
8	Você se considera rápido em comunicar fatos que estão sobre sua responsabilidade? É uma preocupação constante sua manter seu grupo bem informado?		
9	Em uma escala de 1 a 10, você se dá mais que sete em termos de "facilidade" para outras pessoas terem acesso a você, conversar com você? Ser acessível a quem te procura?		
10	Considera-se uma pessoa que NÃO é rancorosa, supera rapidamente atrito com outras pessoas? Se lembrar de mais de dois episódios em que isso aconteceu, responda "NÃO".		
TOTAL			

PARTE II

MÉTODO E SUAS CARACTERÍSTICAS

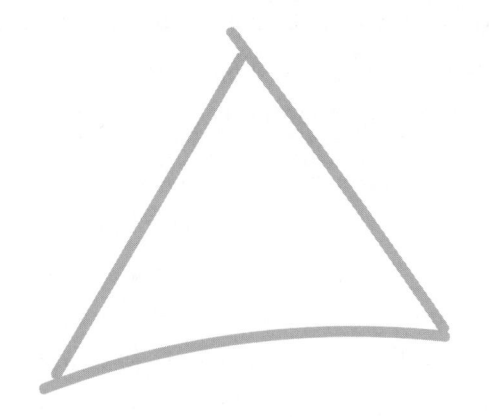

A palavra "método" é empregada quando buscamos uma direção, um caminho que permite chegar a um objetivo, fim. O termo tem sua origem no grego *methodos*, composto de meta (por meio de, através de) e hodos (caminho, via). Frente a esses significados podemos formular, então, que para alcançar os objetivos projetados, é necessária a utilização de um "método" que nos determina uma sequência para chegar lá. Deixando ainda mais claro, pode-se dizer que método é o conjunto de procedimentos, regras e operações pré-determinadas que nos direciona a atingir determinada meta, fim ou conhecimento.

CAPÍTULO 7

FAZER ACONTECER COM FOCO E DISCIPLINA

DISCIPLINA E FOCO SÃO OS ÚNICOS CAMINHOS
PARA A EXCELÊNCIA PERENE

Ser ágil, descolado, movimentar os fatos e até as pessoas, num primeiro momento não é algo tão difícil para alguém que tenha um razoável desenvolvimento em comunicação, principalmente se você tiver um nível hierárquico acima das pessoas envolvidas. Existe uma percepção um pouco míope de que essas características, à primeira vista, estejam associadas às pessoas com iniciativa, caso o foco da lente de observação seja de curto prazo, sem uma análise mais profunda de como esse movimento de iniciativa se mantém e principalmente chega aos objetivos inicialmente planejados.

7.1: A TAL INICIATIVA COM "ACABATIVA"

Ter iniciativa isoladamente está longe de ser uma incontestável qualidade de um líder, mas sim o primeiro ato de algo bem mais robusto, que poderíamos chamar num popular jargão, uma boa iniciativa com uma ótima acabativa, aquilo que se inicia, com planejamento, com envolvimento das partes interessadas, com propósito comum e principalmente chegando ao objetivo preestabelecido. Saber para onde vai e chegar lá são dois desafios diferentes e o líder executor deverá saber aonde quer chegar, o que deve fazer, e realizar bem aquilo que deve ser feito.

7.2: DISCIPLINA VEM DE DISCÍPULO, QUE É TREINADO PELO MESTRE

O caminho entre a iniciativa e a esperada "acabativa", passa, com certeza, pela disciplina, (do latim disciplina) que é o ato de se controlar a alguém ou a si próprio. E também é uma palavra derivada de "discípulo", que é aquele que recebe ensinamento de um mestre. E mais ainda, disciplinar não é cobrar para exigir o resultado esperado, mas sim, conduzir as pessoas ao caminho certo, ajudando-as a ser o melhor que podem ser.

Dessa forma, uma pessoa naturalmente "vai fazer acontecer" se tiver a iniciativa de conduzir o time pautado no entendimento de que o contínuo esforço conduzirá ao resultado esperado. A disciplina vem no ato de repetir o mesmo esforço com a consciência de que cada vez que se repete é uma importante parte para chegar ao objetivo final. Muitas vezes ter foco e disciplina é fazer *até* algo acontecer e não fazer *para* acontecer. E se explorarmos mais a palavra disciplina, podemos associá-la a treinamento, que é um ato nobre de um líder, que demonstra que este se importa com as pessoas e também em fazê-las entender o propósito coletivo do objetivo. Ser disciplinado é o mesmo que se preparar para seus objetivos. Dessa forma a disciplina não existirá numa equipe onde o líder não a qualifica continuamente.

7.3: QUEM FAZ ACONTECER TEM A CORAGEM DE ASSUMIR RISCOS

Um líder quando toma uma decisão, tem noção que existe sempre um risco inerente, e ele sempre busca estudar as reais possibilidades de arriscar, tendo consciência da dimensão desse risco, no momento de escolher o melhor caminho. Arriscando conscientemente e de forma prudente, transmitindo o propósito e o porquê das ações para sua equipe, passa confiança. E esse é um ponto diferencial de líderes altamente eficientes: eles têm uma disposição em arriscar em momentos decisivos que farão diferença no resultado. Importante entender o significado genuíno da palavra "coragem", que vem do francês *courage* (de coeur, e quer dizer coração) sendo, então, uma qualidade que permite ao indivíduo planejar uma ação para enfrentar determinada dificuldade, que é diferente de "bravura" que tem origem na palavra espanhola *bravado*, e quer dizer um único e espontâneo ato de valor, ou seja, não é uma atitude planejada, mas a reação a uma crise.

7.4: AS PRINCIPAIS ATITUDES OBSERVADAS NO LÍDER QUE FAZ ACONTECER

▶ *Conhece bem o processo da organização e o perfil das pessoas de sua equipe e de seus pares:*

Isso é fundamental para encurtar os caminhos e dar capilaridade na execução das ações planejadas. O conhecimento do perfil de cada um de seu time ajuda muito a entender o que delegar a cada membro e como montar subgrupos, maximizando sinergia e minimizando conflitos. O fato de não se conhecer bem a estrutura da empresa e o modelo de operar de cada área, implica um grande risco de ficar isolado em uma "ilha" e não dar fluência aos objetivos planejados, pois dificilmente o sucesso do trabalho do líder estará restrito só ao escopo da sua área. Essa temática será discutida com mais detalhes no capítulo 10, relativo à visão sistêmica.

É muito comum as empresas contratarem bons gestores vindos do mercado, com um ótimo currículo, mas que é vencido pela ansiedade e até mesmo a vaidade, que já se lança na execução de suas ideias, que já deram certo na sua organização anterior, mas sem fazer uma estratégica observação do perfil do time e da cultura do local atual, mapeando claramente riscos e planejando correções de rota e ajustes necessários. Esses profissionais que agem dessa maneira tendem a se frustrar com o fracasso de sua execução e no médio e até curto prazo tendem a sair da organização. Para um método ou estratégia dar certo tem toda uma análise situacional que deve ser feita, levando em consideração o histórico e origem dos fatos no local a ser aplicado.

▶ *Define metas claras e objetivas e as comunica com eficiência*

Cada vez mais a definição de metas preestabelecidas sob domínio e conhecimento dos colaboradores influenciam a motivação pessoal. A meta conecta o time no objetivo coletivo da área e da organização. Ao contrário do que muitos pensam que a meta pode se transformar num fator negativo que pressiona ao extremo o colaborador, devemos pensar na visão oposta, que se esta for bem comunicada pode ser um grande instrumento de meritocracia e reconhecimento, chegando até ao propósito individual da pessoa.

Faz parte da comunicação também estabelecer indicadores claros e que são avaliados com frequência adequada (muitas vezes até diária), pois a interpretação do indicador com resultado positivo ou de revés permitirá ao líder corrigir rapidamente a rota (tomada de decisão rápida e assertiva é um diferencial competitivo em qualquer negócio) e se houver melhoria, reconhecer o time por isso, renovando continuamente sua motivação. Um indicador bem acompanhado funciona como um placar dinâmico do "jogo". Imaginem o quão chato seria acompanhar um jogo de basquete no qual são feitos vários pontos seguidos de ambos os lados, mas não há nenhum placar registrando essa pontuação, de modo que você como técnico líder de um dos times teria dúvida até se está ganhando ou perdendo o jogo, e se você líder está perdido, imagina os jogadores (sua equipe) e plateia na arquibancada (nesse caso, seus clientes ou investidores). Pode parecer exagero mais isso acontece no dia a dia em empresas em que o líder não está monitorando minuto a minuto o "placar" do jogo. O tema gestão de indicadores será amplamente discutido nos capítulos 8 e 9.

▶ *Administra bem sua agenda e tem tempo para a equipe*

Quem já ouviu de alguém um sonoro "agora não posso" ou "falamos depois"? Saber em alguns momentos que a urgência de alguém que interage com você é a sua também é um ponto de percepção muito importante para quem quer fazer acontecer com assertividade. É relevante desenvolver a habilidade de interagir com pessoas diferentes, mostrando cooperação e adaptabilidade, assim como prontidão para administrar conflitos e disciplina para harmonizar seu próprio tempo, cuidando das relações interpessoais e motivando o time. Para se desenvolver nessa área, é importante promover um ambiente favorável à realização das atividades profissionais, ampliando o comprometimento da equipe.

7.5: A MÍDIA QUE ARREBATA O FOCO

Com certeza se for feita uma avaliação macro dos benefícios da digitalização na nossa vida pessoal e profissional, não há dúvidas que ela veio para nos ajudar. Escrever um e-mail ainda é melhor do que escrever uma carta ou um bilhete, mas como um remédio, tudo que é feito ou usado em excesso faz mal. Hoje em dia, ocorre um fenômeno atual muito interessante chamado "APC", que seria a *atenção parcial constante*, que traduzindo seria o fato de que estamos o tempo todo conectados a todas as fontes e fatos, mas com baixo poder de foco em tudo também, o que é extremamente prejudicial ao desenvolvimento das atividades prioritárias do líder e de sua equipe. Desenvolver essa habilidade de utilizar as mídias e redes sociais para convergir foco e não desmobilizar é algo significativo a ser feito. A seguir, vejam algumas dicas bem sutis para não cair nessa ingrata armadilha da digitalização em excesso:

- Seja muito seletivo na participação de grupos do WhatsApp, não caia na armadilha de criar grupos para cada nova frente de trabalho. O gerenciamento dessa forma micropontual não ajudará tanto no andamento do novo assunto, gastando seu precioso tempo. Ideal para gerenciar essas novas demandas seria criar fóruns específicos presenciais ou até mesmo virtuais, mas que sejam tratados por fases, levando à evolução no médio prazo, e não aquilo que se fala a todo momento e pouco evolui;

- Se você recebe uma carga excessiva de e-mails, não hesite em colocar uma mensagem questionando o remetente se realmente você precisa estar em cópia em todos aqueles 200 e-mails que recebe por dia;

- Convite de reunião, do tipo "extra" além do fórum normal de decisão, faça uma rápida leitura mental se o assunto está ligado a uma das suas três prioridades da semana, e se não estiver, recuse sem cerimônia. Salvo exceções de convocações que envolvam a organização como um todo ou convocação de sua hierarquia direta. Se essa reunião não tiver pauta, desconfie ainda mais que será perda de tempo;

- Tenha "uma agenda prioritária" a nível diário que sistematize um ciclo de evolução das suas entregas semanais. Ter essa agenda e medir seu cumprimento diário ou semanal dará a vocês maior consciência de que não tem tempo a perder;

- Em momentos de reunião, é uma prática de liderança e foco desligar o telefone. Entregue-se 100% a três coisas e não 60% a dez coisas.

A TRÍADE DA COMPETÊNCIA

7.6: PRATIQUE O FAZER ACONTECER COM DISCIPLINA E FOCO

7.6.1: Meça o seu resultado

Escolha seus projetos prioritários, e defina dois indicadores, no máximo, por projeto, e a meta de cada um deles, que será sua bússola para ver se está na rota certa. Atualize esses indicadores de preferência diariamente. Coloque-os à vista onde todos envolvidos da equipe ligados a essa entrega, possam enxergá-los. Sempre que atingir os resultados, comemore, dê os parabéns para os envolvidos. Quando não atingir, envolva o time positivamente provocando a pensar que medidas para correção de rota podem ser tomadas.

Figura 4: Exemplo de gestão de indicador prioritário

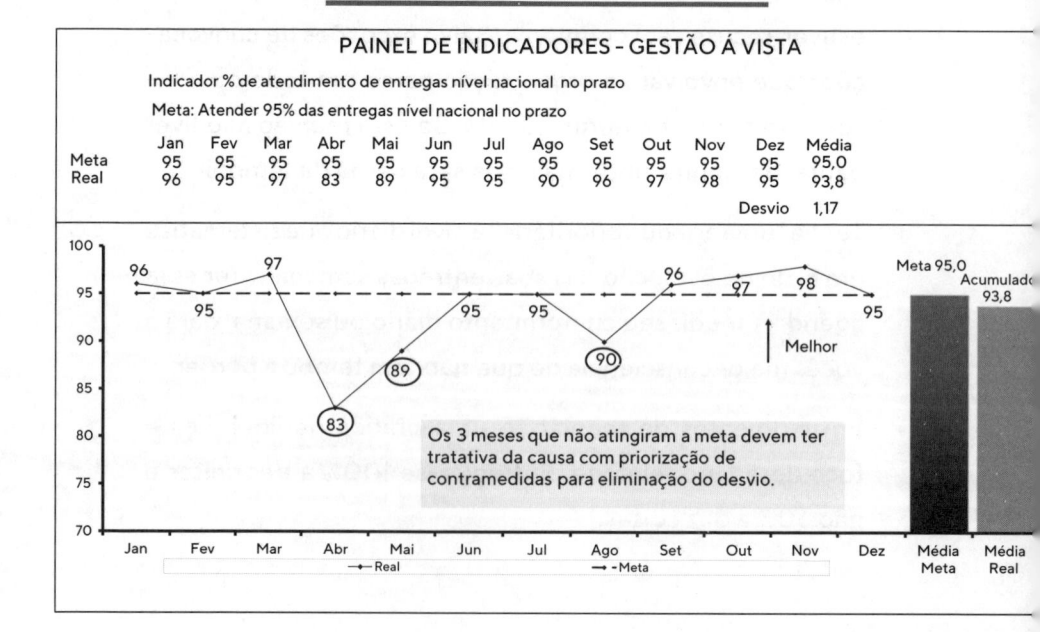

					PAINEL DE INDICADORES - GESTÃO Á VISTA								
Indicador % de atendimento de entregas nível nacional no prazo													
Meta: Atender 95% das entregas nível nacional no prazo													
	Jan	Fev	Mar	Abr	Mai	Jun	Jul	Ago	Set	Out	Nov	Dez	Média
Meta	95	95	95	95	95	95	95	95	95	95	95	95	95,0
Real	96	95	97	83	89	95	95	90	96	97	98	95	93,8
											Desvio		1,17

Os 3 meses que não atingiram a meta devem ter tratativa da causa com priorização de contramedidas para eliminação do desvio.

Meta 95,0
Acumulado 93,8

7.6.2: Pratique a delegação consciente

Comece a praticar a delegação com responsabilidade. Monte uma pequena tabela, correlacionando os profissionais de sua equipe e tarefas que você pode delegar. Ela servirá como instrumento para refinar sua habilidade na arte de delegar e ao mesmo tempo servirá como uma espécie de matriz de habilidades do seu próprio time, pois trará a visibilidade do conhecimento de cada um e em quais áreas há potencial de desenvolvimento.

Tabela 6: Matriz de delegação de tarefas

Tarefa	Colaborador 1	Colaborador 2	Colaborador 3	Necessita acompanhar?
Emitir nota fiscal	x			Não
Fazer relatório de gastos		x		Não
Analisar gastos			x	Sim
Fazer orçamento	x			Sim
Emitir tabela de preço			x	Não
Atualizar gestão à vista		x		Não
Auditoria interna		x		Sim

7.6.3: Monte sua "agenda prioritária"

Monte uma agenda mínima, de preferência que mostre a frequência das principais atividades que você entende que levarão você ao resultado de curto e médio prazo (da semana e do mês). Dividir essas atividades em três tipos:

Tabela 7: Exemplo de agenda prioritária

Horário	SEG	TER	QUA	QUI	SEX
08:00	Análise indicadores	Análise indicadores	Análise indicadores	Análise indicadores	Análise indicadores
09:00	Reunião gerência	Reunião gerência	Reunião gerência	Reunião gerência	Reunião gerência
10:00	Execução da rotina	Execução da rotina	Execução da rotina	Execução da rotina	Execução da rotina
11:00	**Livre**	Comitê expansão	**Livre**	Comitê expansão	**Livre**
12:00			Almoço		
13:00	Reunião RH	Visita clientes	Reunião Financeira	Inglês	Visita clientes
14:00	Projeto estratégico	Visita clientes	Projeto estratégico	Projeto estratégico	Visita clientes
15:00	Execução da rotina	Visita clientes	Execução da rotina	Execução da rotina	Visita clientes
16:00	**Livre**		**Livre**	**Livre**	
17:00	Pendências diversas	Pendências diversas	Pendências diversas	Pendências diversas	Pendências diversas

- *Frequência diária:* aquelas que devem se repetir diariamente, pois só com esse ritual de acompanhamento mais frequente, você chegará ao resultado esperado. Em geral, essas atividades diárias não devem ser mais que 50 a 60% da sua agenda total.

- *Frequência semanal ou mensal:* aquelas atividades que também são importantes, mas que não é essencial o seu acompanhamento diário. Por exemplo, podem ser as que você delegou para um membro de sua equipe, e precisa checar com certa frequência ou algum comitê interfuncional ao qual você participe. Tente ocupar no máximo 30% da sua agenda com esse tipo de atividade.

- *Tempo livre/flexível:* É isso mesmo que você leu: tempo livre! Que a princípio pode parecer impossível, mas aqui a premissa é a seguinte: nunca ultrapasse de 80 a 85% da sua agenda diária com compromissos pré-agendados (reuniões, visitas, *feedbacks*, comitês), deixe de 15 a 20% do tempo para flexibilizar a agenda para habituais "emergências". Pense que é melhor travar seu planejamento em 85% e ter uma brecha para encaixe, do que querer absorver ao máximo na agenda e ter que desmarcar em cima da hora, prejudicando também a agenda de outras pessoas envolvidas. Respeitar a agenda dos demais da equipe e de seus pares também é uma característica de um líder disciplinado.

E o ponto principal, seja duro com sua agenda! Brigue para cumpri-la, tente medir sua porcentagem de atendimento diária sem se frustrar, e faça ajustes se necessário. Você perceberá que o seu desempenho e resultados crescerão proporcionais ao atendimento de sua agenda.

7.7: O QUE NÃO DEVO FAZER SE QUERO AGIR COM DISCIPLINA E FOCO

- Não mude de estratégia o tempo todo. Corrigir rota é diferente de não saber para onde ir. Essa seria uma péssima mensagem para a equipe;

- Se tiver que mudar a estratégia explique o porquê da mudança e o benefício (se houver). Equipe sem entender, não tem poder!

- Não mude as pessoas de função muitas vezes durante uma missão ou projeto. Ter equipe multifuncional é uma característica importante, mas não pode ocorrer a ponto de confundir o colaborador de qual é a essência de sua entrega;

- Não seja aquele que apenas "manda" e não participa, envolva-se com frequência na execução das atividades, isso ajuda o líder a fazer leituras que dificilmente conseguiria sozinho sem participar dos grupos de trabalho, além de passar confiança para a equipe.

7.8: FAÇA SEU DIAGNÓSTICO – FOCO E DISCIPLINA

Responda às perguntas abaixo ligadas às características disciplina e foco. Após a autoavaliação, você pode praticar as dicas da seção "pratique" e da seção "o que não devo fazer" para melhorar seu comportamento nessas características abordadas aqui neste capítulo.

Tabela 8: Checklist autoavaliação das características foco e disciplina

	Questões avaliadoras — Foco e disciplina	Sim	Não
1	Pergunta bem direta: de 1 a 10, você se daria no mínimo sete em disciplina para executar seus "projetos"?		
2	Você tem um planejamento "mínimo de agenda", por exemplo, anotações que dividem o que você precisa fazer com frequência diária e semanalmente?		
3	De 1 a 10, você se daria uma nota mínima de sete no quesito "capacidade de dizer não" para tarefas novas que te pedem que não estavam no seu planejamento de prioridades?		
4	As pessoas com quem você convive e trabalha te acham organizado na execução das tarefas? Pergunte, se necessário.		
5	Quando você está focado em um objetivo se vê com coragem para assumir determinados "riscos" calculados, mesmo que esses riscos possam gerar algum tipo de revés no seu objetivo?		
6	Quando você monta um grupo para algum tipo de trabalho, projeto, leva em consideração o perfil de cada componente para cada tipo de tarefa a ser realizada?		
7	Quando você está focado em um objetivo, projeto importante, sempre tem a preocupação de ter alguns indicadores que te mostrem todo o tempo se está evoluindo no objetivo (se tiver exemplo recente de que isto não aconteceu, responda "NÃO").		
8	De 1 a 10, você se daria uma nota mínima de sete no quesito de "delegação de tarefas"?		
9	Simples e direto: você sempre pratica o que costuma cobrar e esperar das pessoas que trabalham com você?		
10	Você tem certeza sempre de que todos que estão com você em um projeto sabem claramente o objetivo e o resultado esperado (meta)?		
TOTAL			

CAPÍTULO 8

RESOLVA PROBLEMAS!

> TECNICAMENTE, PROBLEMA É UM DESVIO DE RESULTADO, LOGO, SE VOCÊ NÃO MEDE, NÃO TEM PROBLEMA.

Se examinarmos a história de todos os tempos e biografias de grandes nomes veremos que os melhores líderes foram grandes solucionadores de problemas, sejam ,conflitos, desafios econômicos e políticos, mas, de qualquer forma, seus triunfos e reconhecimento sempre foram sobre grandes impasses que, com certa maestria, souberam lidar e resolver, chegando a melhor solução. Aqui falo em ter a habilidade de ver o problema à frente por meio de uma observação mais sistêmica, enxergando bem além do óbvio e abordando problemas sob uma ótica de oportunidade como uma fonte estratégica que fomentará a melhoria contínua no seu ambiente de negócio e levantando oportunidades anteriormente não identificadas.

8.1: PROBLEMA – DIFERENÇA ENTRE SUA SITUAÇÃO REAL E O SEU OBJETIVO TRAÇADO

Vamos começar com uma definição bem clara do que é um problema: *é a diferença entre a situação atual e o objetivo ou meta.* Um líder, acima de tudo, tem o compromisso de, junto ao seu time, atingir o resultado planejado, de forma que qualquer desvio desse alvo, objetivo, possa ser considerado como um problema que deve ser cuidadosamente avaliado e traçada uma estratégia de correção de rota. Reconhecer rapidamente que se tem um problema é algo que devemos ter sempre como uma atitude proativa que leva um líder a racionalizar seus recursos para reverter a situação.

Então, vamos repetir e observar a figura 5: problema é um desvio de seu objetivo. É óbvio, não é verdade? Sim, se você medir! Aí vem o outro ponto, que numa visão técnica e gerencial, você só tem um problema se o está avaliando numa métrica que se compare com um objetivo. Caso não tenha essa medida bem clara, perderá o tempo precioso de analisar o desvio e tomar contramedidas para correção.

Deixando claro que medir é completamente diferente de pressentir ou perceber que há um problema. A medição é que dará a dimensão do problema e por consequência a priorização para resolvê-lo. É o placar do teu jogo, que dependendo de como esteja, você mudará a estratégia, unir esforços para mudar o sentido desfavorável ou manter e maximizar, caso esteja favorável, sendo que só com fatos e dados podemos enfrentar esses problemas. Dessa forma podemos estabelecer o conceito de que verdadeiramente só tem problema quem mede, e sua eficácia em resolvê-lo será proporcional ao nível de informação que você tem a respeito dele.

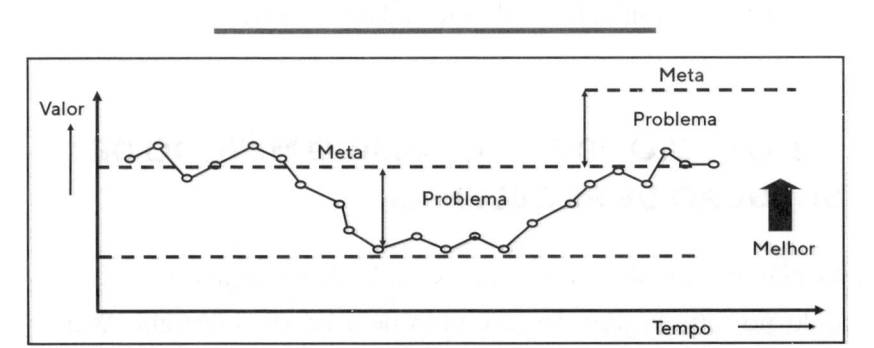

Figura 5: Problema — Diferença entre um resultado real e uma meta

8.2: A IMPORTÂNCIA DE APLICAR UM MÉTODO DE SOLUÇÃO DE PROBLEMAS

Sobre a importância de praticar o uso de um método para solucionar os problemas, vamos imaginar a situação em que você tenha muito conhecimento a respeito de um assunto, e algo errado acontece, ou seja, um problema ocorre. A tendência de você agir baseado no seu conhecimento técnico e experiências anteriores é muito grande, o que não é ruim, mas nesse caso, caso algum elemento novo ou uma nova causa surgiu e você já toma as contramedidas baseado em um histórico, mas que não contempla esse novo cenário, provavelmente não obterá sucesso na solução. Pensemos na situação oposta, na qual você tem pouco conhecimento técnico do tema relacionado ao problema e não tem noção específica de como analisar as prováveis causas e possíveis soluções, tendo muita dificuldade de como conduzir algo que desconhece. Nas duas situações descritas, certamente um método de solução de problemas o ajudará a organizar as informações iniciais, distinguir sintomas de causas e direcioná-lo para elaborar hipóteses coerentes para comprovar ou não, possíveis causas do problema, e na sequência conduzir a elaboração das possíveis soluções.

8.3: O CICLO PDCA – CLÁSSICO MÉTODO DE SOLUÇÃO DE PROBLEMAS

O PDCA é um dos métodos de solução de problemas mais difundido no mundo. Foi desenvolvido pelo norte-americano Walter Andrew Shewhart por volta de 1920 (isso mesmo, há quase 100 anos). Mas a disseminação desse método se deu após a década de 1950, pelo professor Deming, também norte-americano, que o desenvolveu em melhorias de processos produtivos nos Estados Unidos durante a Segunda Guerra Mundial, mas principalmente após o período de guerra no Japão. Chama-se de ciclo, pois remete a um processo que gira continuamente rumo à busca de melhoria contínua, retroalimentando resultados já existentes. O PDCA é composto por quatro macro etapas que nos ajudam a seguir uma sequência lógica para estruturar um problema, um desvio que desejamos corrigir para uma determinada meta traçada.

Figura 6: Ciclo PDCA e suas fases

PDCA
Etapas para solução de problemas

8. Conclusão
Refletir sobre o método e programar ataque aos problemas remanescentes.

1. Identificação do problema
Definir claramente o problema e reconhecer sua importância.

2. Observação do problema
Descobrir as características do problema através de fatos e dados.

7. Padronização
Prevenir contra o reaparecimento do problema.

3. Análise do problema
Descobrir as causas fundamentais.

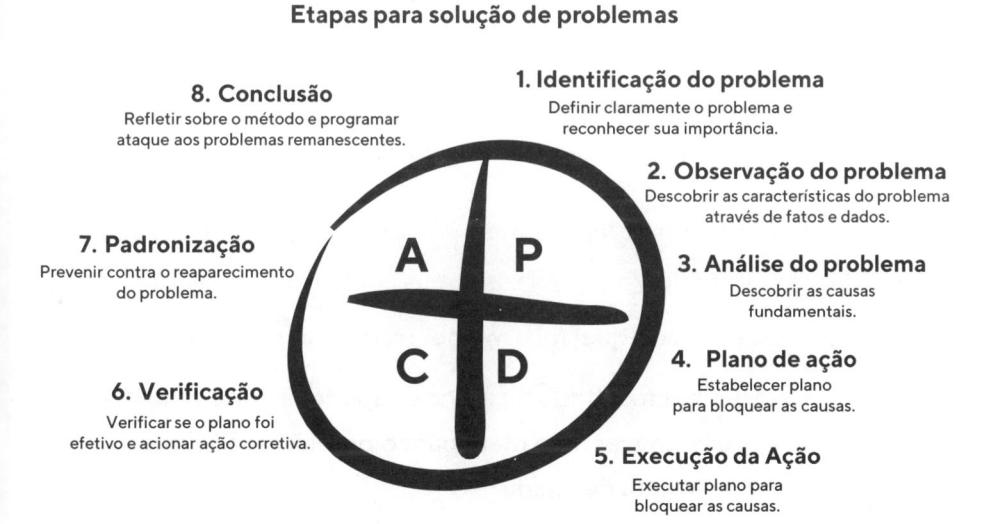

6. Verificação
Verificar se o plano foi efetivo e acionar ação corretiva.

4. Plano de ação
Estabelecer plano para bloquear as causas.

5. Execução da Ação
Executar plano para bloquear as causas.

8.4: A ESSÊNCIA DE CADA UMA DAS SUBFASES DO PDCA

PDCA vem das palavras em inglês *Plan, Do, Check, Act*. Conforme visto na figura do ciclo PDCA, cada etapa tem subfases importantes que serão detalhadas aqui.

8.4.1: Etapa I: Plan — Planeje

É a etapa onde fazemos a definição estratégica do que é o problema, levantamos dados que nos permitam gerar um histórico e entendermos inicialmente o tamanho da situação para podermos estabelecer objetivos e metas. Essa etapa de planejamento em termos de atividades a serem feitas é a mais extensa, e dessa forma, para facilitar, divide-se em quatro passos.

▶ *Passo 1: Identificação do problema*

Nesse passo, é importante definir claramente o problema e associá-lo a um indicador mensurável, de forma que seja possível buscar dados históricos e avaliar tendências do tipo:

- O momento atual é o mais crítico ou já tivemos patamares piores?
- Neste período qual foi o melhor resultado que tivemos?
- Esse melhor resultado histórico é superior à meta estabelecida (se já houver uma meta para o problema) ou nunca foi atingida a meta desejada?

Esses questionamentos são fundamentais para conhecermos a dimensão do problema, até mesmo para ter uma base de qual recurso e tempo precisaremos para resolvê-lo, propondo um cronograma factível de chegar ao resultado desejado, além de nomear a equipe específica para desenvolver a análise e solução do problema com o método PDCA. É também fundamental nessa fase calcular as perdas financeiras causadas pelo problema. E deve ser proposta uma data para a resolução do problema.

▶ *Passo 2: Observação do problema*

Nessa fase, o problema deve ser avaliado mais detalhadamente, observando pontos de vista específicos. Suas características devem ser analisadas com base em observações feitas com visitas no local onde ele ocorre, pois dificilmente vamos resolver um problema significativo sentados numa confortável cadeira de escritório.

Uma das ferramentas mais utilizadas nessa fase é a Análise de Pareto, para priorizar temas e estabelecer metas numéricas viáveis. Também conhecido como "Regra 80/20", sugere que poucos fatores são vitais e muitos são triviais. Veja os exemplos abaixo:

- 20% das contas representam 80% da receita;
- 20% das companhias detêm 80% do mercado;
- 20% das marcas são responsáveis por 80% do *Market Share*;
- 20% dos problemas representam 80% da perda financeira.

A *Análise de Pareto* nos permite priorizar um grupo menor, mas que tem grande impacto no problema, tornando a fase seguinte mais objetiva e com foco em aprofundar a análise naqueles grupos que realmente mais estão afetando o problema. Fazer essa verificação proporciona maior efetividade na resolução do problema, pois evita que você trabalhe com escopo de problema muito grande, gastando tempo desnecessário e confundindo a equipe de trabalho, sem saber realmente o que deve atacar.

- *Passo 3: Análise do problema*

Após identificarmos os principais estratos priorizados do problema (como no exemplo acima, vamos analisar as causas dos 20% dos produtos que detêm 80% do *Market Share*), vamos então analisar as causas prováveis do problema. Essa fase é de extrema importância no ciclo do PDCA, pois é quando identificamos as causas fundamentais dos problemas, para na sequência estabelecer contramedidas para bloqueá-las. É muito importante nessa etapa convidar pessoas que trabalhem na área onde ocorre o problema e que tenham conhecimento técnico em relação ao problema, pois será um passo fundamental na identificação das causas, já que o conhecimento total necessário para uma análise eficiente não estará só na sua mente. Devem ser feitas reuniões participativas com esses times com conhecimentos para levantar as possíveis causas, buscando relação de causa e efeito, por meio da construção do Diagrama de Causa e Efeito.

O Diagrama de Causa e Efeito:

Também é conhecido como diagrama de "Espinha de Peixe" devido à sua forma ou diagrama de Ishikawa, que recebeu o nome de seu inventor, Kaoru Ishikawa. É empregado em sessões de *brainstorming* (reuniões de busca para a causa do problema, onde todos expressam sua opinião) para organização e avaliação dos fatores que influenciam uma dada situação. Um "efeito" é uma situação, condição ou evento desejável ou indesejável provocado por um sistema de "causas". Então, o Diagrama de Causa e Efeito permite associar, de maneira bastante clara, todas as possíveis causas relacionadas a um dado efeito (problema). Na construção do diagrama, você pode ordenar as causas segundo seis categorias conhecidas por 6M's: mão de obra, matéria-prima, máquina, meio ambiente, método e medida, (figura 7). Não é obrigatória a sua utilização. Outras categorias podem ser usadas, conforme a necessidade. Os 6M´s são apenas uma referência de boa prática.

Após organizar o diagrama, você deve priorizar, junto ao time, as causas mais prováveis, tendo como base os dados levantados na observação, e o conhecimento técnico e prático do grupo envolvido. A confirmação das causas raízes será feita por meio do teste de hipótese.

Figura 7: Diagrama de Causa e Efeito

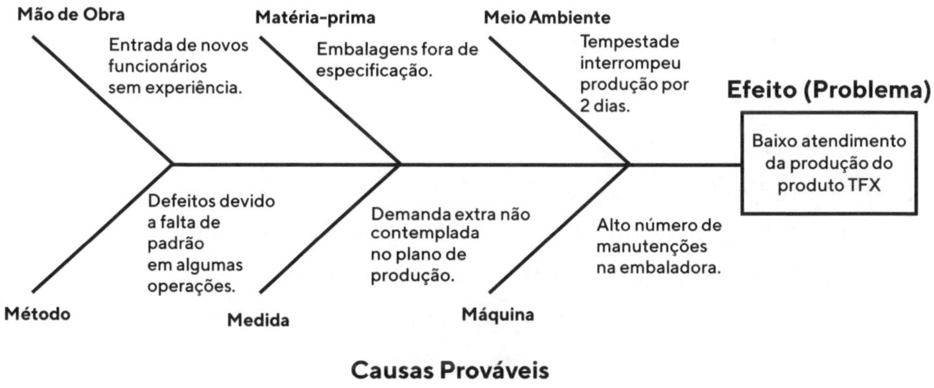

```
Mão de Obra          Matéria-prima        Meio Ambiente
   Entrada de novos     Embalagens fora de    Tempestade
   funcionários         especificação.        interrompeu
   sem experiência.                           produção por      Efeito (Problema)
                                              2 dias.
                                                              ┌──────────────────┐
                                                              │ Baixo atendimento│
                                                              │ da produção do   │
                                                              │ produto TFX      │
                                                              └──────────────────┘
   Defeitos devido      Demanda extra não     Alto número de
   a falta de           contemplada           manutenções
   padrão               no plano de           na embaladora.
   em algumas           produção.
   operações.
Método               Medida                Máquina
```

Causas Prováveis

TESTE DE HIPÓTESES:

Verificar a hipótese significa coletar *fatos e dados* que possam confirmar a existência das causas prováveis e estabelecer sua correlação com o problema. A verificação pode compreender: avaliação de dados previamente existentes, coleta de novos dados no processo e realização de testes simulando situações das hipóteses. Para facilitar a verificação, deve-se preparar uma tabela com o seguinte cabeçalho: Hipótese — Objetivo do Teste — Teste.

Deve-se então testar essas hipóteses com novos dados coletados e descartar as mais improváveis e confirmar aquelas que se confirmaram no teste de hipóteses.

▶ *Passo 4: Elaboração do plano de ação*

Depois de confirmadas as causas fundamentais do problema, você estabelece contramedidas para bloqueá-las, elaborando um consistente plano de ação.

▶ *Plano de ação 5W1H:*

O plano de ação é um conjunto de atividades que visa bloquear as causas que foram identificadas como geradoras do problema. Para elaboração do plano de ação, podemos lançar mão novamente do *brainstorming*, para inicialmente levantar com o time as soluções pertinentes a cada causa levantada. Deve conter os campos: *O que — Quem — Quando — Por Que — Onde — Como*. Essa sequência também é conhecida por **5W1H**, referência às iniciais das palavras em inglês: What — Who — When — Why — Where — How.

Um bom plano de ação deve possuir as seguintes características:

▶ Todas as ações devem ser escritas de maneira lógica, colocadas em suas sequências cronológicas de execução;

▶ Ações definidas sobre a causa fundamental do problema, nunca sobre seus efeitos;

▶ As ações devem ser discutidas e validadas com o responsável onde serão executadas;

▶ Busque ações matadoras! Aquelas que garantem o bloqueio efetivo da causa;

▶ As ações devem ser executáveis (instalar, implantar, treinar) e não ações que reflitam desejos (avaliar possibilidade, verificar viabilidade, estudar alternativa para);

▶ Deve haver apenas um responsável por ação, e este sempre uma pessoa (nunca uma área).

8.4.2: Etapa II: DO — Execute

Na fase DO, ou Execução, é onde efetivamente se coloca em prática a execução do plano de ação elaborado. Essa é uma das etapas mais importantes do ciclo e você deve acompanhar de perto para que as ações sejam executadas conforme planejado, e que inclua todas as áreas envolvidas.

> *Passo 5: Execução do plano de ação*

É importante anotar e evidenciar os resultados (bons ou ruins) de cada tarefa concluída, o que permite um aprendizado necessário ao time envolvido durante o processo. Alguns pontos importantes:

- Identifique as ações mais complexas que necessitam da cooperação de todos. Dê foco e atenção nessas ações;
- Apresente claramente as tarefas e as razões delas. Explique os porquês! Uma breve apresentação com o resumo das conclusões obtidas até a etapa de análise pode auxiliar a obter compreensão e apoio do time;
- Você deve ter certeza de que todos entendam e concordam com as medidas propostas. Comunicação efetiva aqui é fundamental;
- É de extrema importância verificar pessoalmente a execução das ações conforme previstas no plano;
- Durante a execução, visite com frequência o local onde as ações estão acontecendo, converse com as pessoas que estão envolvidas na execução das ações e as ajude nas suas dificuldades. Isso é fundamental para o sucesso da execução.

Lembre-se de que antes da execução, o plano de ação ainda é planejamento, o grande sucesso de atingir o resultado é a energia empregada na execução do plano de ação.

8.4.3: Etapa III: Check — Verifique

A verificação é a etapa onde você avaliará o que foi executado no plano de ação e os resultados obtidos, avaliando o indicador do projeto. Já pode iniciar a verificação ao longo da execução do plano de ação ou após o prazo estabelecido das ações.

▶ *Passo 6: Verificação dos resultados*

Essa verificação consiste em confirmar se o que foi planejado já está implantado, além de comparar os resultados entre o antes e o depois e o alcance da meta proposta. Alguns pontos importantes para essa etapa:

- Utilize os dados do indicador do problema coletados antes e após as ações executadas, para verificar a efetividade da ação e o grau de atingimento da meta;
- Importante usar a mesma métrica de avaliação de resultado antes e depois da ação e sempre que possível, calcule os ganhos financeiros;
- Quando o resultado não é satisfatório, certifique-se que todas as ações foram implementadas;
- Quando o efeito indesejável continua a ocorrer, mesmo depois das ações de bloqueio terem sido tomadas, deve-se retomar a etapa de observação do problema, para reavaliar as causas fundamentais e as ações propostas.

8.4.4: Etapa IV: Act — Ação

A última etapa do ciclo é de grande importância, pois aqui tomamos as contramedidas para que o resultado atingido seja perpetuado, não se perca ao longo do caminho. É feita uma reflexão do aprendizado do trabalho e talvez, apesar do resultado atingido, ainda haverá oportunidades que poderão ser abordadas em um novo "giro do PDCA", para a melhoria contínua dos processos.

▶ *Passo 7: Padronização*

Essa etapa é fundamental para garantir a continuidade dos resultados, e podemos dizer que a chance de o problema retornar se ela não for bem executada é quase que absolutamente 100%. Aqui garantimos se o gestor que conduziu o problema for para outro local, o resultado será mantido, pois as ações de sucesso do projeto foram incorporadas ao padrão de operar da área. Se as ações do plano de ação modificam a forma de operar, ou seja, o modo como as pessoas trabalham, algumas especificações de operação, então elas devem ser incluídas nos padrões de trabalho. Caso esse padrão não exista, crie-o. Seguem abaixo alguns pontos importantes a serem considerados nessa etapa:

- ▶ Importante planejar e alinhar com todos os envolvidos, o novo prazo para iniciar em massa o novo padrão estabelecido e quais as áreas devem ser treinadas e informadas para que a execução aconteça ao mesmo tempo;
- ▶ Cuide para que os novos padrões, ou alterações necessárias, sejam repassados a todos os envolvidos. Parece óbvio, mas comunicação ineficiente nessa fase ainda é uma causa bem frequente de fracasso do projeto ao longo do tempo;

- Exponha claramente a razão das mudanças, explique o porquê e qual benefício que elas e a organização terão;

- Certifique-se que todos estão aptos a executar, e faça incansavelmente treinamentos, caso seja necessário, para aplicar o novo padrão de trabalho e providencie documentos do local onde ocorrem as tarefas que foram alteradas, na forma que for necessário, para que possam ser consultados a qualquer momento;

- Evite que o problema reapareça devido ao não cumprimento do padrão, estabelecendo verificações periódicas, delegando o gerenciamento por etapas, acompanhando periodicamente a equipe de trabalho.

- *Passo 8: Conclusão*

É nesse momento que a equipe faz uma reflexão sobre todo o projeto. Deve-se registrar o que ainda pode ser melhorado no processo, registrar o aprendizado que o ciclo gerou para projetos futuros. Alguns pontos finais nessa fase:

- Aqui nessa etapa, você deve dar destaque aos resultados acima do esperado, pois são indicadores importantes para aumentar a eficiência nos trabalhos futuros;

- Como além de resolver o problema, deseja-se aprimorar mais o conhecimento e a aplicação do PDCA pelo time, é importante fazer uma análise crítica das etapas executadas no método de solução de problemas nos aspectos de: cronograma, elaboração do diagrama de causa e efeito, participação dos membros da equipe, reuniões, distribuição de tarefas e conhecimentos adquiridos.

Considerando o que vimos aqui nas etapas do PDCA, a fase P de planejamento é onde é feita toda a leitura estratégica do problema, momento que se busca o entendimento do histórico de ocorrências, priorização dos focos onde você concentrará maior parte esforços, análise das causas e elaboração do plano de ação. Ou seja, a fase P concentra quatro das oito etapas do PDCA. Se você não fizer essa etapa bem detalhada, aplicando o tempo necessário de análise, envolvendo as pessoas com conhecimento técnico para auxiliar na análise da causa, não chegará ao resultado, pois certamente se os principais focos não foram priorizados corretamente e a análise da causa foi superficial, as contramedidas estabelecidas no plano não serão suficientes para bloquear as causas fundamentais do problema, e será gasta uma grande energia para executar um plano que tem grande chance de não atingir o resultado. Esse cenário descrito é a parte superior da figura 8. Já a parte inferior representa a verdadeira essência do uso correto do PDCA, onde você deve focar o tempo necessário nas etapas do P, e fazer as etapas seguintes com muita energia, envolvendo e esclarecendo os participantes no propósito do aprendizado e do resultado.

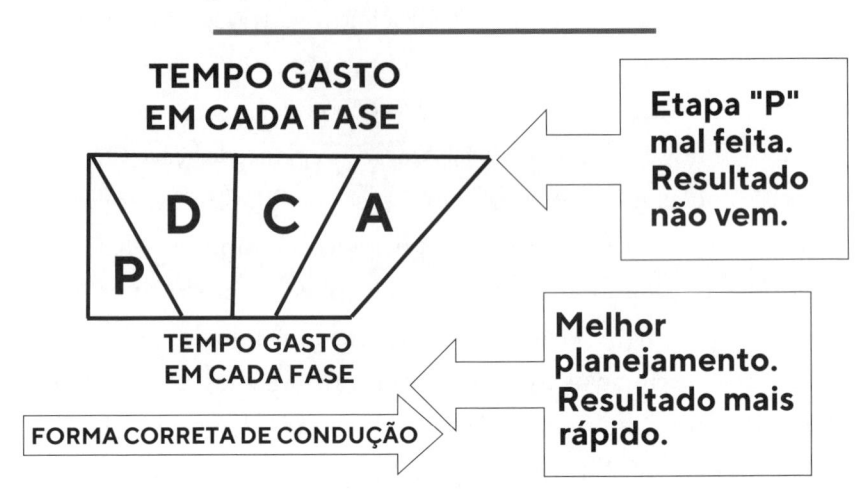

Figura 8: Usando o PDCA corretamente

```
      TEMPO GASTO
      EM CADA FASE              ┌──────────────┐
   ┌──────────────────┐ ◄────── │ Etapa "P"    │
   │ \   D  │  C  / A │         │ mal feita.   │
   │  \     │    /    │         │ Resultado    │
   │ P \    │   /     │         │ não vem.     │
   └──────────────────┘         └──────────────┘
      TEMPO GASTO              ┌──────────────┐
      EM CADA FASE     ◄────── │ Melhor        │
   ┌──────────────────────┐    │ planejamento. │
   │ FORMA CORRETA DE     │►   │ Resultado mais│
   │ CONDUÇÃO             │    │ rápido.       │
   └──────────────────────┘    └──────────────┘
```

8.5: O MÉTODO PDCA COMO MODELO MENTAL DE TRABALHO

Modelo mental é o modo pelo qual cada um de nós pode expressar como algo funciona no mundo real. São eles que definem como percebemos o que acontece ao redor, como cada evento nos afetará, como pensaremos e agiremos. Ele é individual, você o desenvolve conforme vive suas experiências de aprendizagem e erro. Dessa forma, se um modelo mental é o modo como percebemos as coisas e reagimos a elas, o que seria ter um modelo mental voltado para a solução de problemas? Veja a figura 9.

Figura 9: Modelo mental de solução de problemas

Não formou modelo mental — A | P / C | D — "SÓ CONHECE, NÃO PRATICA"
- Já fui treinado.....
- Se precisar, eu faço....
- Vi algumas vezes.....

Absorveu um modelo mental — A | P / C | D — "ABSORVIDO, É SEU MODO DE PENSAR"
- Uso naturalmente, é automático.....
- Uso e estimulo outros a usarem....
- Não consigo pensar de outra forma.....

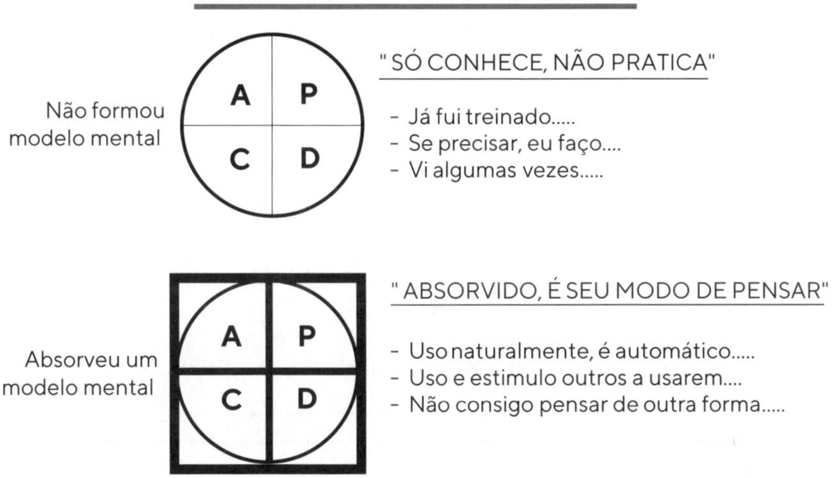

Desenvolver um modelo mental diz respeito exatamente ao que mostra a figura acima. Ele é criado quando ocorre um salto entre o que você conhece e o que de fato você absorveu como um jeito natural de fazer, como um hábito, que independentemente da situação, você tende a ter aquele tipo racional de pensamento. Nesse caso, quando falamos de ter um modelo mental de solução de problemas absorvido, numa situação de desafio ou problema, automaticamente a mente já raciocina numa forma lógica na sequência do método.

Acredite! Se você praticar esse modelo de solução de problema, ganhará com o tempo muito mais efetividade na sua abordagem dos problemas, otimizando seu tempo e velocidade no atingimento de seus resultados. O senso de urgência nos faz correr com certas situações que nos faz pular passos importantes de planejamento e análise, que depois nos custará o preço do resultado não atingido e da baixa curva de aprendizado e engajamento do time. A figura

9 reflete muito a visão de como o PDCA bem praticado, ajuda na aceleração do resultado, mas se for feito de forma displicente, sem dar a devida importância a cada etapa, será perda de tempo e líder e time não construirão um "modelo mental" de solução de problemas. A seguir, nas figuras 10 e 11, o modelo mental passo a passo do PDCA, para auxiliar na prática sistemática do método, com detalhes de cada um dos oito passos, para você consolidar sua habilidade na aplicação do método solução de problemas.

Figura 10: Modelo mental passo a passo

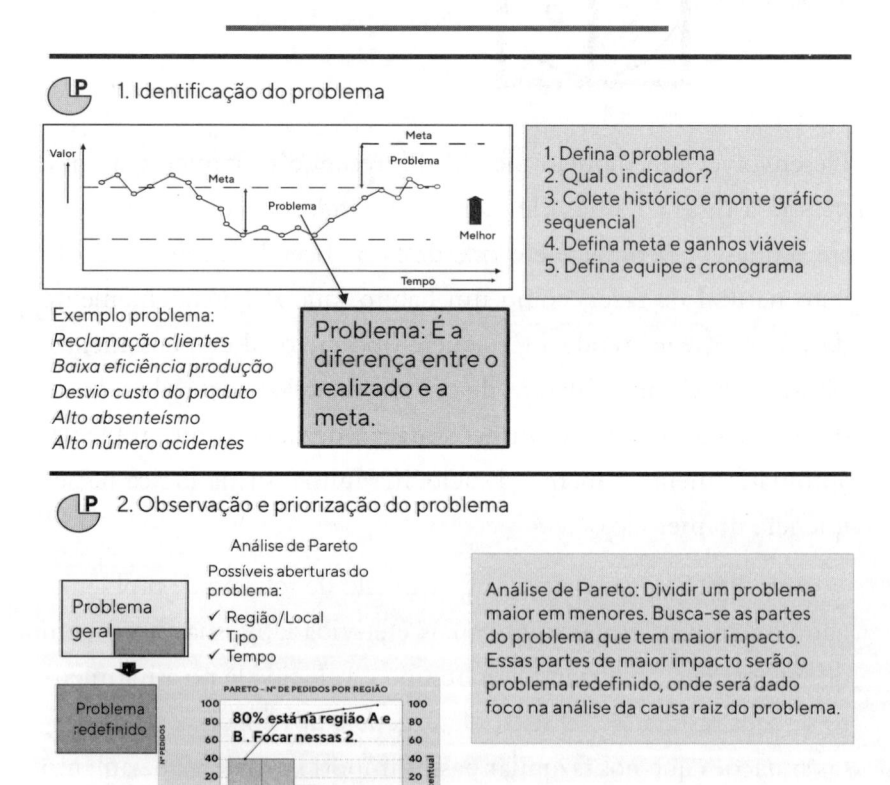

P 1. Identificação do problema

1. Defina o problema
2. Qual o indicador?
3. Colete histórico e monte gráfico sequencial
4. Defina meta e ganhos viáveis
5. Defina equipe e cronograma

Exemplo problema:
Reclamação clientes
Baixa eficiência produção
Desvio custo do produto
Alto absenteísmo
Alto número acidentes

Problema: É a diferença entre o realizado e a meta.

P 2. Observação e priorização do problema

Análise de Pareto

Problema geral

Possíveis aberturas do problema:
✓ Região/Local
✓ Tipo
✓ Tempo

Problema redefinido

80% está na região A e B. Focar nessas 2.

Análise de Pareto: Dividir um problema maior em menores. Busca-se as partes do problema que tem maior impacto. Essas partes de maior impacto serão o problema redefinido, onde será dado foco na análise da causa raiz do problema.

3. Quais as causas do problema

1. Busque as causas prováveis envolvendo pessoas que conheçam o processo em seções de **Brainstorms**

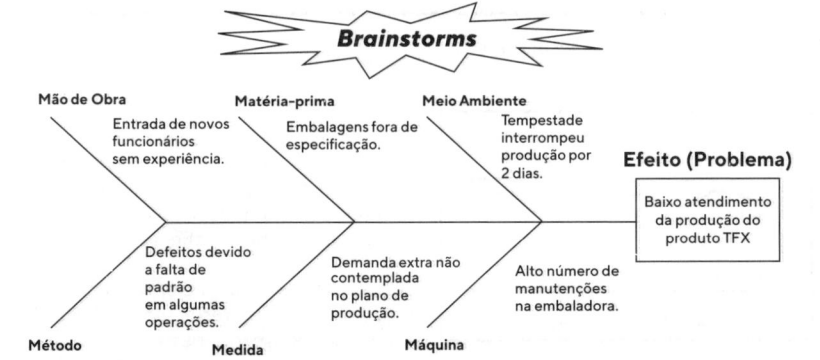

Mão de Obra: Entrada de novos funcionários sem experiência.

Matéria-prima: Embalagens fora de especificação.

Meio Ambiente: Tempestade interrompeu produção por 2 dias.

Método: Defeitos devido a falta de padrão em algumas operações.

Medida: Demanda extra não contemplada no plano de produção.

Máquina: Alto número de manutenções na embaladora.

Efeito (Problema): Baixo atendimento da produção do produto TFX

Causas Prováveis

2. Selecione as causas de maior consenso e monte *testes de hipóteses* para comprová-las. Coletar **fatos** e **dados** que confirmem a existência das causas prováveis e estabelecer sua correlação com o problema.

Problema: Baixa produção do produto TFX
Causa provável: Alto número de manutenções da embaladora

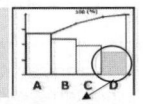

Hipótese não confirmada: A embaladora, no pareto de paradas não é a maior!

4. Elaboração plano de ação

O QUE (WHAT)	POR QUE (WHY)	COMO (HOW)	ONDE (WHERE)	QUEM (WHO)	QUANTO CUSTA (HOW MUCH)	QUANDO (WHEN)	STATUS
Ação para bloquear a causa raiz	Motivo pelo qual a ação será tomada.	Atividades para que a ação seja executada.	Onde as atividades serão realizadas.	Quem faz as atividades.	Quanto custa realizar aquela atividade.	Quando será realizada a atividade.	Atividades já realizadas

Causa Fundamental: Inserir a causa fundamental priorizada

Um bom Plano de Ação possui:

• Ações definidas sobre a causa raiz do problema, nunca sobre efeitos.
• Ações discutidas e validadas com o dono do processo.
• Ações matadoras! — Aquelas que garantem o bloqueio efetivo da causa.
• Ações executáveis (instalar, implantar, treinar) e não ações de desejos (avaliar, verificar viabilidade, estudar alternativa).
• Apenas 1 responsável por cada ação,
• Prazos sobre a data limite para execução da ação.

5. Executar o plano de ação

Treinamento teórico e prático

1. Verificar necessidade de treinamento da equipe, para execução das ações.
2. Explique o propósito das ações. O que vai melhorar?
3. Checar: Todos envolvidos entenderam?
4. Registrar o que deu certo, o que deu errado, e o que não foi executado.
5. Durante a execução, vá no local onde a ação foi realizada e tire suas conclusões.
6. Se necessário, envolva o líder na divulgação do plano.

A TRÍADE DA COMPETÊNCIA

Figura 11: Modelo mental passo a passo (continuação)

6. Verificação do resultados

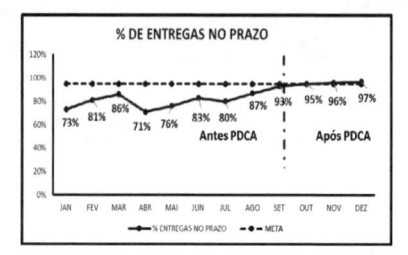

1. Utiliza-se os dados coletados antes, e depois da ações implantadas, com o objetivo de checar se as ações foram efetivas em bloquear a causa, e se o resultado melhorou, atingiu a meta planejada.
2. Converta o resultado em ganhos finaceiros. 3- Se o resultado não for atingido, retornar ao passo 3.

7. Padronização

A padronização garante que a melhoria conquistada, seja mantida. As ações que foram executadas na fase 5, devem ser avaliadas para ver a necessidade de serem incorporadas no padrão já existente, que é executado diariamente

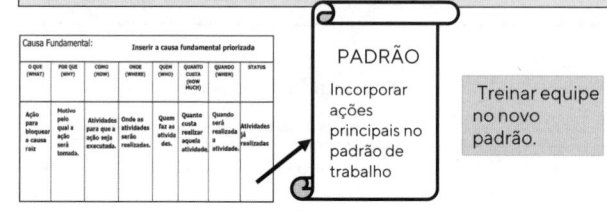

PADRÃO

Incorporar ações principais no padrão de trabalho

Treinar equipe no novo padrão.

8. Conclusão

Reflexões finais para trabalhos futuros:

* Como foi o cronograma?
* Houve boa participação?
* As reuniões ocorreram sem problemas?
* Melhorou a técnica de solução de problemas?
* O grupo ganhou conhecimentos?
* O grupo recebeu o apoio necessário?
* A solução encontrada pode ser aplicada em outra área/ unidade?

Reflexão do grupo

8.6: AS PRINCIPAIS ATITUDES OBSERVADAS NO LÍDER QUE RESOLVE PROBLEMAS

▶ *Estimula o seu time a expor os problemas com o intuito de resolvê-los*

Incentivar o time a expor os problemas com o intuito de fazer uma mobilização positiva é uma atitude que motiva todos a se posicionarem de uma forma que se busque esforços para resolver e não para justificar. Aqui estamos falando novamente em comunicação, que é fundamental para a solução de problemas, que praticada com transparência entre líderes e equipe aumenta muito a velocidade em que se resolvem os impasses.

O líder que tem experiência em solução de problemas se apoia em suas experiências e aprendizagens anteriores, que lhe deram uma base sólida para o desenvolvimento de estratégias eficientes. Essa experiência ajuda muito a entender como se pode engajar mais cada pessoa na solução, de acordo com o seu perfil. Por exemplo, aquelas com perfil mais estratégico podem se envolver mais no planejamento e análise, enquanto aqueles que têm mais aptidão para colocar a mão na massa, podem contribuir mais com essa energia durante a fase de execução na solução do problema.

▶ *Domina e pratica um método de solução de problemas*

Como já foi abordado no início do capítulo, é fundamental conhecer e praticar um método de solução de problemas, pois muito ajuda a ser mais efetivo no ataque do obstáculo, ganhando velocidade no atingimento do resultado. Um líder bem preparado sabe que conduzir seus maiores problemas utilizando metodologia como, por exemplo, o PDCA, é uma forma também de desenvolver sua equipe em análise frente a situações complexas, evitando suposições baseadas apenas em percepções. Quem domina o método sabe que contra fatos e dados não há argumento, pois, um trabalho bem estruturado, que apresenta um histórico, uma priorização e uma análise de causa consistente, convence até os mais céticos da equipe.

▶ *É incansável em disseminar o método de solução de problema na sua equipe e na sua organização*

O líder que domina o método de solução de problemas tem este como modelo mental, ou seja, é a forma de ele pensar e se tem um problema para resolver já raciocina naturalmente na sequência lógica do método, e com isso estimula constantemente que os que trabalham com ele também se desenvolvam no conhecimento e prática do método. Isso é natural de acontecer, pois ele sabe que sozinho praticando o método não conseguirá conduzir com êxito, pois em várias fases do problema terá que delegar tarefas para sua equipe, e para realmente se ter um trabalho bem conduzido no método, todos os envolvidos devem conhecer.

▶ *Mede sempre o resultado de seus desafios e problemas*

A visão aqui é: quem não mede, não tem problema, pois continuará na área de conforto, e lento na tomada de decisão para promover uma ruptura para a melhoria. Isso acontece na nossa vida pessoal também. Imagine ficar um mês inteiro comprando, saindo para se divertir, e não olhar a conta bancária, ou então não cuidar da alimentação, comer doces e gorduras à vontade e não se pesar em nenhum momento. Nas duas situações, a sensação de estar tudo bem permanecerá até que o dinheiro acabe, ou seu corpo comece a indicar alguma reação em relação à alimentação desbalanceada. Portanto, medir nossos principais resultados, tendo como referência o objetivo e meta, sempre será o primeiro passo para quem tem foco em resultado e também resolver os problemas, pois como foi dito no início desse capítulo, problema se define como a diferença entre sua situação real e o seu objetivo traçado, e se você não estiver medindo, não iniciará seu gatilho para iniciar o modelo mental de solução de problemas.

8.7: PRATIQUE RESOLVER PROBLEMAS!

8.7.1: Domine um método de solução de problemas

Se você não conhecia ou tinha pouco contato com o método de solução de problemas, busque se aperfeiçoar iniciando a construção do seu modelo mental de solução de problemas. Lembre-se do que já foi dito antes: entre conhecer e colocar em prática existe uma diferença e você deve buscá-la aprimorando sua habilidade em aplicar o método como um apoio e facilitador para acelerar o seu resultado. O primeiro passo seria realmente se aprofundar no conhecimento da execução do PDCA. No final do livro há uma lista de bibliografias recomendadas que servirão de apoio para quem quiser se aperfeiçoar e ter uma leitura mais detalhada do assunto. Mas o mais importante é praticar o passo a passo do método de solução de problemas, e nesse caso a sugestão é escolher um problema que tem te incomodado, que é prioritário para você (se não for importante, não funcionará) e seguir o modelo mental do passo a passo do PDCA, que foi exposto neste capítulo. Organize-se e tente seguir os oito passos sugeridos. Tenha paciência, tente segurar o impulso de pular fases, lembrando que se fosse simples de resolver, você já teria resolvido com seu modo habitual de analisar e reagir frente a um problema.

8.7.2: Não seja o único a conhecer o método, difunda entre seu grupo

Tente se imaginar em um grupo de chineses, sem falar chinês e tentando se comunicar e conduzir algum tipo de trabalho. A língua diferente será um complicador, certo? Tentar implantar um método ou modelo mental de solução de problemas será algo parecido se você não disseminar o método no grupo que está trabalhando. Não significa que você tenha que dar um curso completo de PDCA para eles, mas um mínimo de conhecimento numa breve reunião ou explicar o fluxo e significado do passo a passo do PDCA no modelo mental disponibilizado neste capítulo.

Um bom início é fazer algumas perguntas relativas ao modelo mental do PDCA, que ajudará o grupo a entender a importância de ter uma sequência lógica para atacar o problema. Algumas dessas perguntas, que vou chamar de "perguntas de ouro", seriam:

1. Qual é exatamente o desvio e qual indicador medimos para avaliá-lo?
2. Temos dados deste indicador e podemos fazer um histórico?
3. Que meta vamos definir e quanto tempo vamos dar para atingi-la (cronograma)?

4. É possível priorizar alguma parte do problema que é mais crítica, que se atacarmos teremos já um resultado expressivo?

5. Quem são as pessoas do time que mais têm conhecimento do assunto para nos ajudar a entender qual a causa raiz do problema?

6. Dessas causas levantadas, que tipo de teste de hipótese podemos fazer para confirmá-las como causas raiz do problema?

7. Quais são as melhores contramedidas para bloquearmos essas causas? Temos que testá-las antes de implantar por completo?

8. Uma vez implantadas as contramedidas, o indicador reagiu? Está no caminho da meta que planejamos?

9. O que precisamos modificar no padrão atual para incorporar em definitivo essas melhorias na nossa rotina de operação?

10. O uso do método de solução de problemas nos ajudou a acelerar a busca de um resultado consistente? Onde mais posso aplicá-lo?

Se você praticar incansavelmente essas "perguntas de ouro", não tenho dúvida que aos poucos conseguirá plantar a semente do modelo mental de solução de problemas no seu grupo e, com certeza, começarão a ver depois de um tempo os resultados aparecerem.

O QUE NÃO DEVO FAZER SE QUERO RESOLVER PROBLEMAS

- Não despreze o poder de sinergia de atuar na solução do problema, não deixe de formar um grupo de trabalho para tal. Não queira abraçar o mundo sozinho;

- Não seja também radical de querer, de uma hora para outra, criar inúmeros grupos de trabalhos de solução de problema. Não terá êxito. É a visão da semente. Plante bem um grupo para um importante projeto que o time necessita buscar, desenvolva-o na visão do modelo mental do método de solução de problemas e use-o como exemplo de sucesso;

- Não obrigue ninguém do time a participar dessa imersão ao método. A adesão deve ser por meio da estratégia de mostrar ao grupo o propósito de buscar o resultado mais rápido e da aprendizagem e autodesenvolvimento. Se alguém não quiser participar, sem problemas, nesse ponto vale o seu conhecimento de escolher pessoas que você entenda que terão um perfil mais adequado a aderir.

FAÇA SEU DIAGNÓSTICO – RESOLVER PROBLEMAS

Responda às perguntas abaixo ligadas a resolver problemas. Após a autoavaliação, você pode praticar as dicas da seção "pratique" e da seção "o que não devo fazer", para melhorar seu comportamento nessa característica abordada aqui neste capítulo.

Tabela 9: Checklist autoavaliação da característica resolver problemas

	Questões avaliadoras — Resolver problemas	Sim	Não
1	Você considera que domina um método de solução de problema a ponto de colocá-lo em prática e até liderar uma frente de PDCA?		
2	Em uma situação de problema, você é um dos que estimulam o grupo em expor o problema?		
3	Você tende a estimular o seu grupo a expor os problemas e utilizar o método de solução de problema para resolvê-lo?		
4	Numa situação de problema, meta não atingida, você tende a buscar dados, medir o problema para entender a "dimensão" atual do problema?		
5	Tem a preocupação de sempre envolver as pessoas certas, aquelas do time que mais têm conhecimento do assunto para ajudar a entender qual a causa raiz do problema?		
6	Numa situação de problema, meta não atingida, consegue despender tempo, mobilizar o time para analisar a causas, sem ter a tendência de já sair tomando ações?		
7	Quando tem um bom resultado, tem a preocupação imediata de mobilizar as pessoas, que aquele deve ser o novo modo de atuar? Tem consciência plena da importância da padronização pós-melhoria?		
8	Você pratica no dia a dia o princípio da "priorização de Pareto" para atacar os problemas mais importantes?		
9	Quando trazem a você algum problema, tem sempre o hábito de perguntar "desde quando está acontecendo"?		
10	Preocupa-se em saber a origem, a "qualidade" das informações que está usando para avaliar um problema?		
TOTAL			

CAPÍTULO 9

GESTÃO DA ROTINA, EXCELÊNCIA DIÁRIA!

NÃO SE GANHA O TROFÉU DO CAMPEONATO DO ANO, SE NÃO GANHAR O JOGO DIÁRIO.

Qualquer resultado que obtemos sempre é fruto de um trabalho desenvolvido por um time que traçou um objetivo, onde houve uma mobilização durante esse trabalho, foi feito um planejamento estabelecendo diretrizes para buscar o resultado e então ações foram executadas e o objetivo foi finalmente atingido. Daí… "festa"! Só comemorar que o resultado está garantido, perpetuado. Bem, vocês já devem estar desconfiados que a vida real não é bem assim! O grande desafio que temos, seja no mundo corporativo ou na vida pessoal, é manter patamares conquistados, ou seja, manter aquela melhoria que atingimos no médio e longo prazo. Vamos citar alguns exemplos práticos:

- Depois de emagrecer, como mantenho o peso?
- Limpei o terreno vazio que estava cheio de lixo. Como faço para mantê-lo assim?
- Executei o plano de ação de melhoria e atingi a meta, como manter o resultado?
- Capacitei 100% do meu time num workshop sobre tecnologia, como faço para mantê-los atualizados todo o tempo?

E o melhor de todos...

- O cliente gostou dessa melhoria que obtivemos "girando" o PDCA, agora ele quer sempre assim. Como fazemos para entregar sempre dessa forma, para que ele não se decepcione?

Provavelmente você já viveu algumas das situações acima. O grande ponto que vamos abordar, é que qualquer ciclo de resultado crescente (como no PDCA visto no capítulo 8) contempla um ciclo de melhoria, junto a um ciclo de manutenção de resultado, até uma nova melhoria ser alcançada.

9.1: ENTENDA O QUE É O GERENCIAMENTO DA ROTINA DIÁRIA

Tudo que fazemos na nossa rotina do dia a dia é derivado de três dimensões de prazo: curto, médio e longo prazo. Vamos dar exemplos de tarefas dentro de cada uma dessas dimensões:

- Curto prazo: alimentar-se, dormir;
- Médio prazo: estudar para um concurso, fazer uma especialização;
- Longo prazo: ser promovido, comprar a casa dos sonhos.

Exemplos simples, mas que nos levam a uma reflexão bem esclarecedora:

Se pararmos de estudar e nos capacitar, será que seremos promovidos? Mais ainda, se pararmos de nos alimentar e dormir, vamos conseguir estudar, para sermos promovidos e finalmente comprar a casa dos sonhos? Não, pois se pararmos de comer, morreremos, e morto não compra nada! Ou seja, para chegarmos aos nossos objetivos e sonhos de longo prazo, há coisas que temos de fazer de imediato.

Podemos, agora, construir uma analogia que o mesmo acontece com uma empresa ou organização. A empresa define suas metas anuais (que em geral são acompanhadas mensalmente) com base nas suas estratégias prioritárias que contemplam um cenário de crescimento para um prazo de dois a cinco anos. Essas metas são desdobradas do nível da alta liderança até o nível de supervisão e idealmente até o nível de operação. E certamente muitos desses indicadores vão chegar a um nível diário de controle. Ou seja, aqui já vale a máxima de que para um futuro brilhante de crescimento no longo prazo, a meta do ano deve ser entregue, e para o ano ser vencido, o "jogo" diário deve ser ganho. Seja qual for o ramo da empresa, deve ser entregue o produto diário ao cliente, na especificação que ele quer, pois é o cliente satisfeito de hoje que vai viabilizar o crescimento futuro.

Os indicadores a serem acompanhados devem ter uma meta prevista e ações corretivas quando saírem do previsto.

Neste ponto já podemos definir a gestão da rotina como sendo o controle diário e sistêmico dos indicadores chaves, que tiveram origem no desdobramento da estratégia, mais o acompanhamento dos principais projetos e ações desdobrados para atingir aquele resultado. Esse gerenciamento deve estar estruturado por nível hierárquico (por exemplo: gerência, supervisão, operação). O grande foco é a verificação diária e constante dos resultados das metas, especificações dos clientes, e no caso de desvio, uma rápida ação corretiva. Quanto mais esse ciclo for ágil em checar e identificar os resultados, mais efetiva será correção de rota, se necessário.

Figura 12: Gerenciamento diário com base na estratégia

O CICLO DE TEMPO DE RESULTADO DA ORGANIZAÇÃO

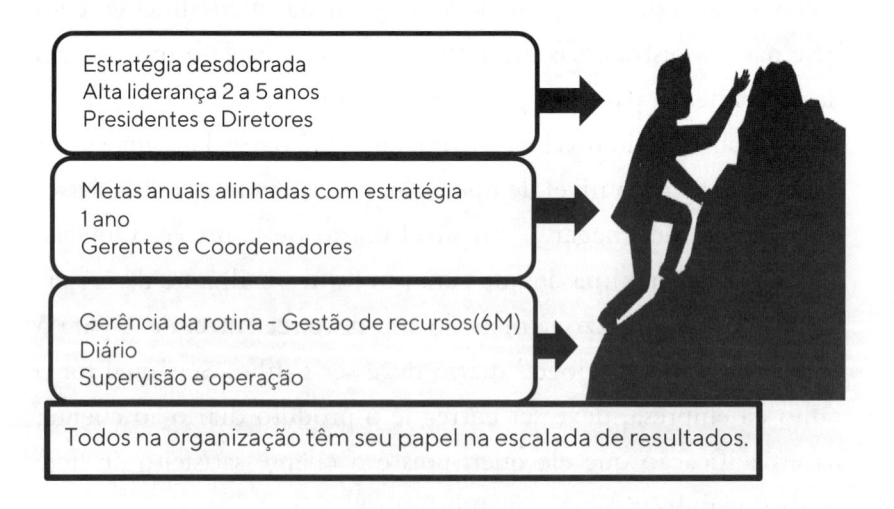

- Estratégia desdobrada
  Alta liderança 2 a 5 anos
  Presidentes e Diretores

- Metas anuais alinhadas com estratégia
  1 ano
  Gerentes e Coordenadores

- Gerência da rotina - Gestão de recursos (6M)
  Diário
  Supervisão e operação

Todos na organização têm seu papel na escalada de resultados.

E quando falamos de rotina diária, também devemos incluir o gerenciamento de todos os recursos que temos para entregar aquele resultado planejado. É a utilização racional desses recursos que produzirão nossos resultados de qualidade em todas as dimensões: custo, qualidade intrínseca, segurança do time, e entrega no prazo que o cliente quer. Veja a figura 13 para você entender melhor quais são estes principais recursos, que costumamos chamar dos 6M's:

- **Mão de obra:** a força de trabalho, as pessoas capacitadas que ali estão para entregar aquele resultado, produto, serviço;
- **Máquina:** todos os ativos e equipamentos que foram adquiridos para produzir o produto e serviço planejados;
- **Matéria prima:** todos os insumos que foram adquiridos para serem transformados no produto a ser produzido;
- **Método:** são os procedimentos, as especificações dos clientes, a forma de fazer, os padrões de trabalho nos quais a equipe é treinada para garantir a especificação do produto ou serviço;
- **Medida:** é a forma como se medem os resultados, as especificações. Sem medida não há como saber se estamos no caminho certo ou não;
- **Meio ambiente:** é o meio onde todo esse processo, ou outros "Ms" estão inseridos. O meio ambiente interage com o todo.

Agora, entenda um ponto muito importante: a maior parte dos desvios do resultado planejado que se tem no dia a dia da elaboração de um produto ou serviço está ligado a um ou mais desses recursos, seja uma falha na especificação de matéria prima, um método não adequado de trabalho, como uma tarefa não padronizada, ou até mesmo a inexistência da medida de um indicador importante. E o ponto crítico em muitas organizações é que essa tratativa de desvios é lenta e reativa, sendo, muitas vezes, realizada após uma imensa perda financeira ou reclamação dos clientes. O ponto chave do gerenciamento da rotina diária é sistematicamente, numa frequência correta e disciplinada, verificar se tudo está ocorrendo na prática conforme planejado, se os resultados das metas estão sendo atingidos e, em caso contrário, quais são os desvios e como estes devem ser resolvidos.

Figura 13: Recursos que gerenciamos na rotina para gerar um produto ou serviço

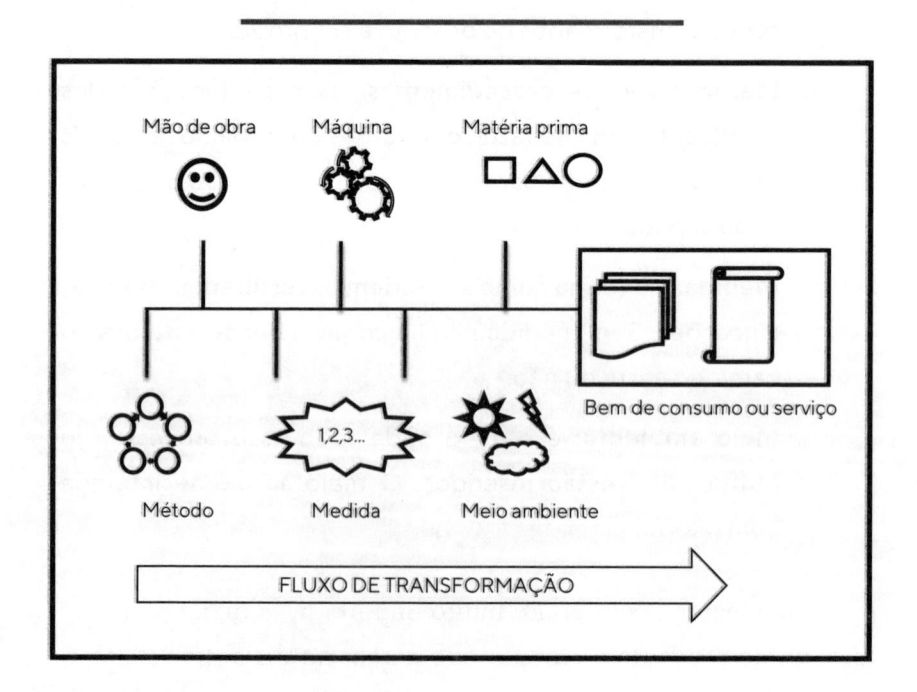

9.2: OS PASSOS PARA IMPLANTAÇÃO DA GERÊNCIA DA ROTINA

Para se entender a estrutura básica da gerência da rotina e começar a implantá-la é importante definir seus principais pilares, que são a padronização, o diagnóstico do trabalho operacional e o tratamento de anomalia. Vamos aqui abordar cada um desses pilares, a conexão entre eles, culminando com a definição do que é o ciclo do SDCA, e a sua relação com o PDCA, que foi apresentado no capítulo anterior.

9.2.1: O pilar padronização

Entende-se como padrão um modelo a ser seguido, o jeito de se fazer algo específico, que tem o objetivo de direcionar quais tarefas e como estas devem ser feitas para atingir determinado resultado, que em geral é um produto ou um serviço, que tem uma especificação determinada por quem vai utilizá-lo (o senhor Rei, o cliente). Essas especificações em geral foram desdobradas em indicadores diários que, com certeza, estarão na nossa checagem diária, dentro da gerência da rotina. Essa é apenas uma simples descrição do que é um padrão, mas seu conteúdo pode envolver uma complexidade muito maior e conter descrições inteiras de um processo que envolve equipamentos, treinamento de colaboradores, protocolos de revisão etc. A padronização se faz necessária e está presente em quase tudo que fazemos, pois, por exemplo, numa organização que muitas vezes envolve milhares de colaboradores que executam as mesmas tarefas, se cada um deles fizer do seu jeito, ao seu gosto, acontecerão inúmeros resultados divergentes que certamente não atenderão ao que a companhia planejou. Ou seja, em linhas gerais o padrão serve para o colaborador saber qual a forma de trabalhar e o resultado esperado que a organização quer dele, e é por aquele resultado no qual ele foi treinado, que ele será avaliado.

O sistema de padronização dos processos da organização deve contemplar no mínimo os seguintes itens:

- Descrição do negócio, seus objetivos principais, seus principais fornecedores, clientes e parceiros;

- Mapeamento de toda a cadeia de negócios, processo por processo (exemplo para uma cadeia produtiva: planejamento de demanda e compra, manufatura, logística, marketing, comercial);

- Organograma e descrição das funções: quem faz o que, onde faz e para quem faz;

- A sequência de atividades dentro de cada processo e os procedimentos de como executar cada uma dessas atividades;

- O fluxo de conexão entre cada processo até o fim (relação de cliente interno em cada etapa do processo);

- O resultado esperado, a especificação expressa de forma quantitativa (mensurável) de cada processo, que conectados entregarão o resultado final esperado na última etapa.

Sobre a necessidade da padronização, ela é importante para as empresas e para nós porque nos padrões registramos a melhor forma de fazer algo, na visão de quem vai se beneficiar desse produto ou serviço, no caso o cliente. Hoje em dia imagine que os serviços e produtos são produzidos aos milhões de unidades por dia, é impossível termos uma repetibilidade da chamada "melhor forma de fazer" se não construirmos padrões para esse fim. Assim podemos reforçar como principais motivos que as organizações padronizam os processos:

- Reduzir ao máximo a variação nos produtos e serviços, garantindo ao máximo a qualidade esperada pelo cliente. Esse é o motivo mais nobre;
- Poder orientar atividades sem supervisão constante;
- Melhorar constantemente os resultados, pois se temos um padrão de referência para comparar, fica mais coerente pensar em melhoria;
- Racionalização dos recursos, um padrão de trabalho ajuda a definir a quantidade correta de recursos com menos desperdícios (lembra dos 6M's?);
- Aumento de produtividade e redução de acidentes.

9.2.2: Principais passos para efetuar a padronização dos principais processos da organização

A primeira boa notícia que podemos passar é que para se iniciar um trabalho consistente de padronização, não é necessário padronizar 100% dos processos e tarefas. Vamos trabalhar primeiro com o que chamamos dos críticos, que são aquelas etapas mais complexas com maior tendência de haver falhas e que têm grande impacto no resultado final. Seguem os principais passos para se conduzir o processo de padronização de uma forma efetiva:

- *Passo 1: Priorize as etapas de maior impacto e complexidade e levante todas as atividades executadas nessas etapas priorizadas.*

Como já foi citado, devemos começar por aquelas de maior impacto, há várias formas de fazer isso, entre elas usar o que chamamos de matriz de priorização de tarefa dos processos. Na figura abaixo são listadas as tarefas em fluxo vertical por ordem de sequência em que elas acontecem, e dessa forma um grupo multifuncional que conhece as atividades e o processo como um todo farão uma votação do impacto daquela atividade em algumas dimensões importantes como qualidade, custo, segurança e com base no conhecimento do time, teremos uma pontuação priorizada em termos de impacto do resultado. São por essas tarefas que iniciaremos o trabalho de escrever os padrões, tendo todo o time executando essa tarefa.

Vamos avaliar o exemplo hipotético da figura 14:

Figura 14: Matriz de avaliação de impacto das tarefas

	Classificação de impacto: 5 - Alto; 3 - Médio; 1 - Baixo	DIMENSÕES A SEREM AVALIADAS PARA SE AVALIAR O IMPACTO DE CADA ETAPA.				
ETAPAS DO PROCESSO	Resultado esperado da tarefa	Qualidade	Custo	Segurança	Entrega	Total impacto (Notas multiplicadas entre si)
Aquecer água	Água aquecida a 100 C	5	1	5	1	25
Separar tipo de café	Café corretamente separado conforme escolha do cliente.	5	5	1	3	75
Moer café	Café moído manualmente na granulometria correta, sem desperdício.	5	3	3	3	135
Coar café	Café coado na granulometria correta, sem desperdício	5	3	1	5	75
Colocar na xícara	Café servido ainda quente, sem desperdício.	3	1	3	5	45
Servir cliente	Café servido ainda quente, no tempo adequado oferecendo uma experiência única ao cliente.	5	3	3	5	225

No caso hipotético da figura, em que temos o processo de preparar o café em uma cafeteria, os dois baristas que são donos do negócio e têm grande conhecimento do negócio fizeram a matriz de priorização, pois estão preocupados com a qualidade do serviço, visto que o negócio está crescendo e eles agora têm 12 funcionários que preparam café entre os turnos da tarde e da noite, e precisam garantir o mesmo padrão de qualidade, custo, segurança e tempo de entrega do produto. Para construção dessa matriz, eles envolveram também os três funcionários mais experientes que conhecem bem todas as tarefas. E assim fizeram a pontuação de impacto de cada tarefa para cada dimensão escolhida (qualidade, custo, segurança, entrega). Com a matriz pronta, eles iniciarão a construção dos padrões pelas tarefas priorizadas. Neste caso duas tarefas tiveram maior pontuação, sugerindo que elas têm maior impacto no produto final. Portanto, deve-se concentrar mais tempo de treinamento e também no detalhamento do padrão de operação nessas duas tarefas, pois elas apresentam maior chance de impacto no resultado, com base na experiência da equipe que conhece o processo e montaram a matriz de priorização.

▶ *Passo 2: Os padrões devem ser simples de ser entendidos e de fácil acesso para todos que precisam utilizá-los*

Um padrão de trabalho deve ser desenvolvido numa linguagem clara, de acordo que se dez pessoas lerem, todas entenderão da mesma forma a mensagem. Vale ressaltar que podem ser usados recursos como fotos e vídeos. Pontos de atenção: linguagem que todos entendam e fluxos e desenhos com modelo padronizado.

A TRÍADE DA COMPETÊNCIA

▶ *Passo 3: Capacite com frequência toda a equipe envolvida, incluindo teoria e prática*

Precisamos ter em mente o seguinte ponto: de nada vale um padrão bem estabelecido, se ele não for realmente utilizado como um instrumento de capacitação para as pessoas. Um dos pontos mais frágeis na padronização é a sistemática de treinamento constante do time nos padrões de trabalho, e é justamente essa capacitação contínua que vai gerar a garantia de que conseguiremos reproduzir o mesmo resultado no nível de qualidade planejado, por inúmeras vezes. A figura abaixo faz uma analogia importante: os colaboradores treinados no padrão de trabalho fazem com que haja um filtro entre a interpretação de quem está fazendo a tarefa e o que realmente o cliente quer.

Figura 15: Padronização serve como um filtro, para não se desviar do foco do que o cliente realmente necessita

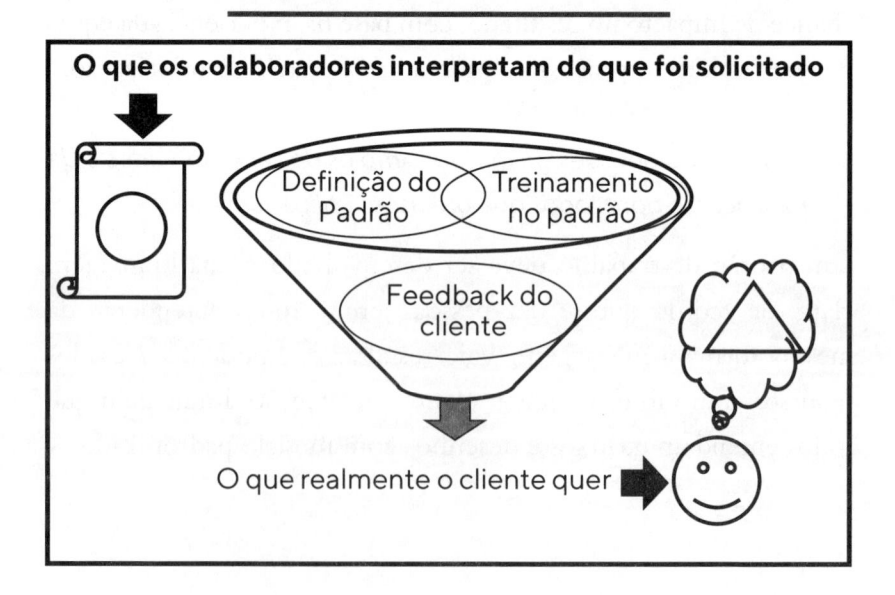

```
O que os colaboradores interpretam do que foi solicitado
         ↓
    ┌─────────────────────────────┐
    │  Definição do    Treinamento │
    │    Padrão         no padrão  │
    │                              │
    │      Feedback do             │
    │        cliente               │
    └─────────────────────────────┘
              ↓
   O que realmente o cliente quer →  ☺
```

Uma ferramenta muito simples de ser utilizada é a matriz de habilidades de tarefas, que auxilia no controle do nível de conhecimento de cada um da equipe, onde se costuma dividir no mínimo em três níveis: não conhece, sabe fazer, faz e ensina. Na figura 16 é apresentado um exemplo (com cinco níveis de classificação). O uso dessa matriz ajuda a manter a consistência de cada membro da equipe no exercício do dia a dia, e torna mais fácil para o líder planejar a capacitação individual do colaborador e de reconhecê-lo pela sua habilidade em executar determinada tarefa que é importante para a entrega do resultado final de toda a equipe. Aqui não estamos falando de competências técnicas e emocionais, mas sim do conhecimento e habilidade específica em se executar o padrão de trabalho. Grandes empresas utilizam essa ferramenta para gerenciar, e até colocam quais tarefas as pessoas sabem fazer no seu crachá de funcionário.

Figura 16: Matriz de habilidade de tarefas

Matriz de Habilidades de tarefas								
ÁREA FINANCEIRA								
TAREFAS CRÍTICAS								
Tarefas / Colaboradores	Emitir nota fiscal	Emitir relatório de gastos	Analisar gastos	Fazer previsão de orçamento	Emitir tabela de preço	Atualizar gestão a vista	Auditoria interna	Check de metas
Colaborador 1	○	---	△	□	○	○	◇	△
Colaborador 2	◇	---	---	---	---	◇	---	---
Colaborador 3	○	○	○	○	○	○	○	○
Colaborador 4	○	---	△	△	◇	□	□	---

LEGENDA
1 TRAÇO PONTILHADO: NÃO CONHECE A TAREFA
2 TRIÂNGULO: CONHECE A TAREFA
3 LOSANGO: CONHECE E PRATICA A TAREFA
4 QUADRADO: CONHECE, PRATICA E TREINA NA TAREFA
5 CÍRCULO: CONHECE, PRATICA, TREINA E FAZ MELHORIAS

> *Passo 4: Mantenha sempre os padrões atualizados*

Os padrões de trabalho que definem como o produto e serviço da organização devem ser feitos são o que chamamos de domínio tecnológico da empresa, que descreve todo o domínio tecnológico que foi desenvolvido, e é o que garante as características necessárias para atender ao cliente. Assim, qualquer alteração deve ser atualizada no padrão de trabalho. Esse trabalho dinâmico de atualização deve ser uma prática constante. O processo padronizado uma vez não significa que não será necessária nova a padronização. Pois como foi visto no capítulo anterior, quando você resolve problemas, em especial, aqueles que antes a solução não estava no padrão atual, é necessário incluir as novas melhorias no padrão existente, tornando este cada vez mais robusto, garantindo que a nova melhoria estará nos novos produtos e serviços produzidos. Estamos nos referindo aqui ao conhecido *ciclo rotina/melhoria contínua*, que abordaremos na sequência.

É importante reforçar que quando falamos de padronização estamos contemplando uma sequência de etapas, que depois de desenvolvidas, chega-se ao resultado final que é um padrão robusto que garante o resultado desejado. As etapas seriam:

- **Descrever todas as etapas do processo;**
- **Definir quais são as atividades críticas;**
- **Definir parâmetros de trabalho de cada etapa;**
- **Treinamento completo de 100% de quem executa a tarefa.**

9.2.3: Pilar diagnóstico do trabalho operacional

Quando repetimos a confecção de um produto ou execução de um serviço repetidas vezes, se o padrão de trabalho estabelecido não estiver sendo cumprido, haverá risco de desvio do resultado, pois toda tarefa, principalmente se for manual, praticada por um colaborador, mesmo treinado, como todo ser humano, ele pode errar. Esse erro pode ser devido a várias hipóteses, que entre as mais comuns seriam:

- A pessoa está executando a tarefa, mas não foi treinada;
- Foi treinado há muito tempo e não lembra mais;
- Falta alguma condição de estrutura para executar corretamente a tarefa;
- Tem uma convicção própria, baseado em seus princípios de conhecimento, que a forma que está realizando a tarefa também está correta.

Para levantar se alguma dessas hipóteses está ocorrendo e corrigi-las antes que um erro ocorra e chegue no cliente, utiliza-se o diagnóstico do trabalho operacional ou simplesmente "check do padrão". Nada mais é do que uma auditoria individual no colaborador para checar se ele está fazendo a tarefa 100% dentro do procedimento estabelecido. A ideia aqui é que sejam identificadas oportunidades para reforçar o treinamento e conhecimento do padrão e até reconhecer o cumprimento exemplar da tarefa, pois o cumprimento do padrão estabelecido deve ser reconhecido como um comportamento de excelência. Na figura 17, é apresentado um exemplo de diagnóstico do padrão.

Figura 17: Exemplo de auditoria de padrão

AUDITORIA DE PADRONIZAÇÃO

Questões avaliadoras	Notas: 1- Não conhece; 3 -Conhece com dificuldades; 5 - Conhece bem
1) Voce sabe o que é o Procedimento operacional?	5
2) Para que serve?	3
3) Onde voce pode encontrar?	3
4) Qual o(s) Procedimentos (s) que voce cumpre?	3
5) Voce sabe o que é resultado esperado?(Especificação)	5
6) Qual o seu resultado esperado?(Especificação)	3
7) Voce sabe o que é ação corretiva?	5
8) Quais as ações corretivas que voce realiza?	3
9) Voce sabe o que é atividade crítica?	1
10) Quais as atividades críticas de sua tarefa?	1
11) Voce sabe o que é manuseio do material?	5
12) Quais materiais voce manuseia?	5
13) Voce foi treinado na tarefa que voce realiza?	5
14) Por quem?	Supervisor da área
15) Quantas vezes?	Não soube precisar, talvez 3 vezes em 2 anos.
Número do Procedimento	38
Nome do Procedimento operacional	Fazer diluição de solvente
Nome do Funcionário	xxxxxx
Data da auditoria	xxxxxx
Nome do Auditor	xxxxxx
Pontuação Atingida(Questões 1 a 13. Máx 13x5= 65) Ideal >90%	47 (72% da pontuação máxima)
Retreinar? (Diagnóstico)	Sim. Dificuldades em expressar corretamente o resultado da tarefa e dúvidas na ação corretiva.
Quando - planejado	Inserir data: Se possível treinar de imediato
Quando - realizado	Anotar data real de treinamento
Quem vai retreinar?	Nome do treinador
Ass. do funcionário retreinado	xxxxxx

Esse diagnóstico do padrão é a base para atualizarmos a matriz de habilidades de tarefas da figura 16.

9.2.4: Pilar tratamento de anomalias: seja disciplinado nisso!

Define-se como anomalia tudo que for diferente do que foi planejado originalmente no processo do trabalho:

- ▸ Desvio de um resultado planejado, algum indicador mensurável como quantidade produzida, defeito de qualidade em um produto, serviço não atendido no prazo, entre outros;

- ▸ Ou algo mais simples até como o que identificamos com nossos cinco sentidos como, barulho diferente, cheiro forte, cor diferente do normal etc.

Tratar essas anomalias significa atuar para bloqueá-las, pois são resultados indesejados que não queremos que se repitam. As etapas de um tratamento completo de anomalias estão na figura abaixo:

Figura 18: Fluxo de tratativa de anomalia

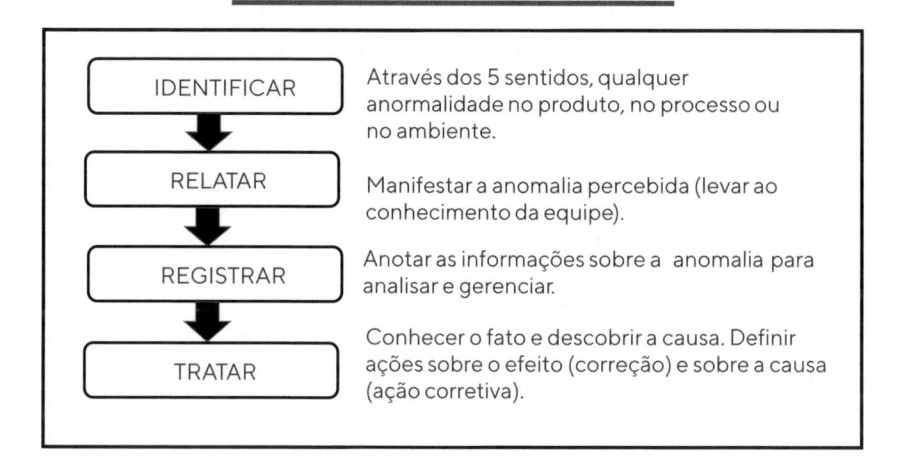

IDENTIFICAR	Através dos 5 sentidos, qualquer anormalidade no produto, no processo ou no ambiente.
RELATAR	Manifestar a anomalia percebida (levar ao conhecimento da equipe).
REGISTRAR	Anotar as informações sobre a anomalia para analisar e gerenciar.
TRATAR	Conhecer o fato e descobrir a causa. Definir ações sobre o efeito (correção) e sobre a causa (ação corretiva).

Cada etapa tem sua importância para se fazer uma tratativa efetiva e rápida. Essa agilidade é de extrema importância. Podemos ser audaciosos aqui em dizer que o profissional, líder e organização que tiverem completo domínio na habilidade de rapidamente identificar e tratar as anomalias de forma efetiva, atacando de fato a causa raiz do desvio, darão um grande passo para reduzir drasticamente seus problemas de produto e processo, que tanto tiram o foco da equipe no dia a dia. Pode-se fazer uma analogia com um grande incêndio que começa com um pequeno foco, que se tivesse sido combatido logo no início com a ferramenta correta (neste caso com o equipamento correto para o tipo de incêndio), não atingiria essa proporção, conforme vemos na figura 19. O mesmo acontece nas empresas, aquele pequeno problema que aparece e não é tratado de forma efetiva, com bloqueio da causa raiz, vai se repetindo e se torna crônico, gerando perda de tempo e também perda financeira. E muitos desses problemas têm sua origem em falhas na padronização, como um padrão mal definido ou equipe não treinada no padrão.

Portanto, a tratativa de anomalias é um pilar de extrema importância no gerenciamento da rotina. Pois não basta ter os processos da organização bem padronizados, pois anomalias sempre acontecerão (lembra os 6M's?) e a velocidade e qualidade na tratativa será o diferencial para esse pequeno fogo não virar um grande incêndio que devaste seus resultados.

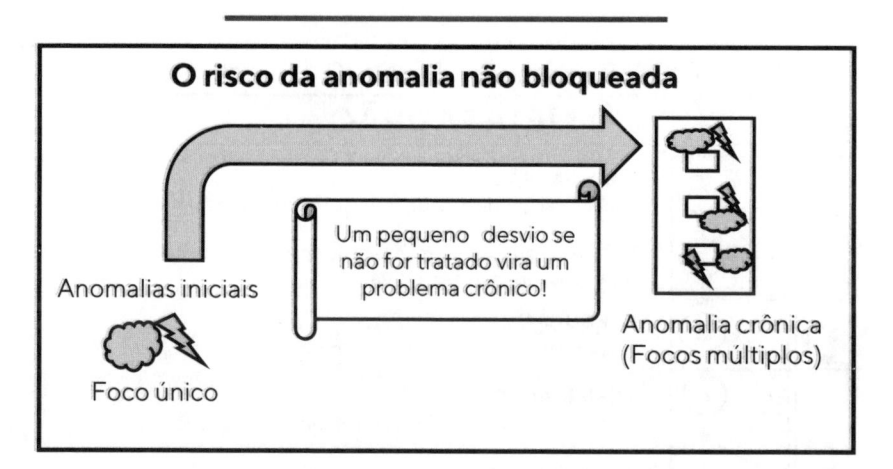

Figura 19: O risco de não tratar anomalias

O risco da anomalia não bloqueada

Anomalias iniciais
Foco único

Um pequeno desvio se não for tratado vira um problema crônico!

Anomalia crônica
(Focos múltiplos)

9.3: O CICLO SDCA E SUA RELAÇÃO COM O CICLO PDCA

Aqui nesse ponto podemos apresentar o conceito de ciclo do gerenciamento da rotina, que chamamos de SDCA, que análogo ao PDCA (que é o ciclo da melhoria contínua), tem como diferença o "S" do termo "Standard" no inglês que significa padrão, ou seja, é o ciclo de controle do padrão que reflete toda a rotina de cumprir os padrões de trabalho para garantir o produto ou serviço que o cliente deseja. Na figura abaixo podemos entender melhor as etapas do SDCA.

Figura 20: O ciclo SDCA — Rumo a excelência da rotina

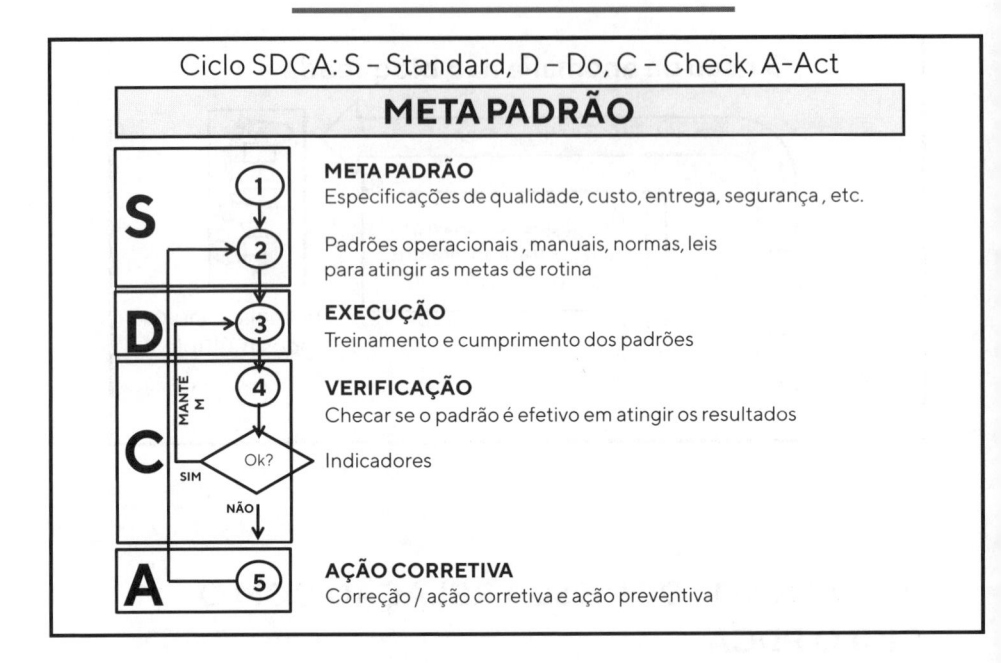

Ciclo SDCA: S – Standard, D – Do, C – Check, A – Act

META PADRÃO

S
(1) **META PADRÃO**
Especificações de qualidade, custo, entrega, segurança, etc.

(2) Padrões operacionais, manuais, normas, leis para atingir as metas de rotina

D
(3) **EXECUÇÃO**
Treinamento e cumprimento dos padrões

C
(4) **VERIFICAÇÃO**
Checar se o padrão é efetivo em atingir os resultados

Ok? SIM / NÃO — Indicadores

A
(5) **AÇÃO CORRETIVA**
Correção / ação corretiva e ação preventiva

Esse fluxo resume o que foi falado sobre os pilares do gerenciamento diário da rotina. Temos nossos padrões que garantem o resultado desejado, e o time treinado nesses padrões executam o padrão. Ao longo do tempo que os resultados vão surgindo, eles são checados assim como os procedimentos de operação que os garantem. Qualquer anomalia que ocorra, é feito o ciclo de tratativa para bloqueio e correção, para que o resultado do produto ou serviço volte ao normal.

Usarei mais uma figura para explicar melhor esse importante ciclo:

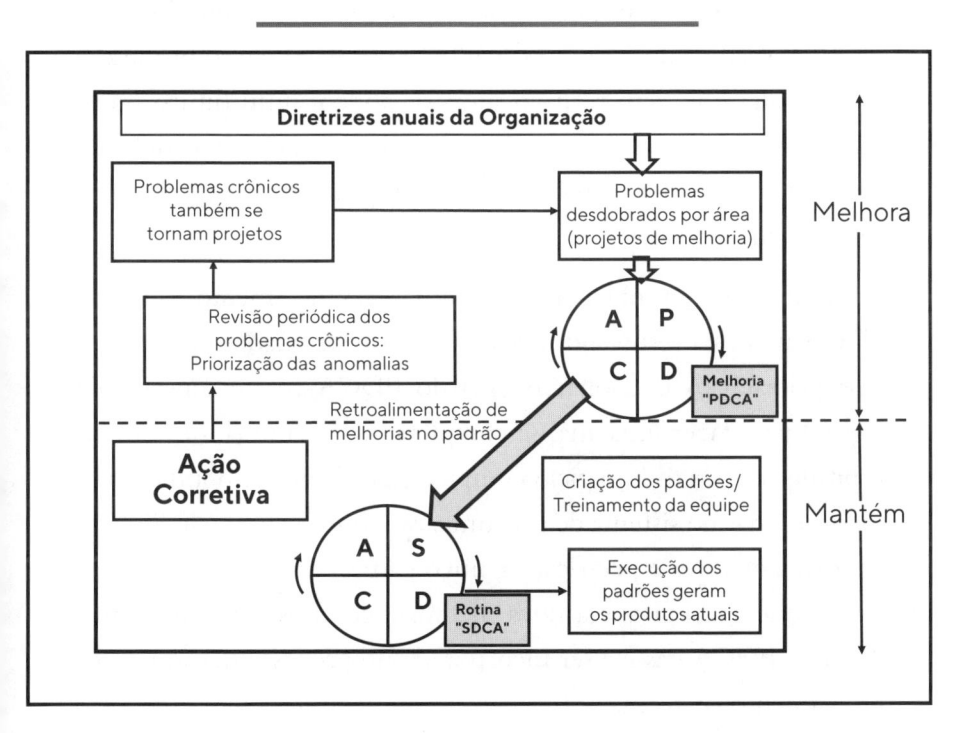

Figura 21: Relação harmônica entre os ciclos SDCA e PDCA

```
Diretrizes anuais da Organização

Problemas crônicos          Problemas
também se          →        desdobrados por área          Melhora
tornam projetos             (projetos de melhoria)
       ↑                           ↓
Revisão periódica dos          [A|P]
problemas crônicos:            [C|D]  Melhoria
Priorização das anomalias              "PDCA"
       ↑       Retroalimentação de
               melhorias no padrão
Ação                        Criação dos padrões/
Corretiva                   Treinamento da equipe          Mantém
                              
              [A|S]         Execução dos
              [C|D]  Rotina padrões geram
                     "SDCA" os produtos atuais
```

O ciclo SDCA tem as etapas: Padronizar (Standardize), Executar (Do), Checar (Check) e Agir (Act). Compreende o ciclo na parte inferior da figura 21, que gerencia a rotina no dia a dia, onde temos conforme já visto, nossos padrões preestabelecidos com o time que vai executar as tarefas devidamente treinado (parte do "S"). Diariamente para entregarmos os produtos e serviços que o cliente necessita, executamos essas tarefas conforme estabelecido nos padrões (parte do "D"), checando os resultados finais (tarefas executadas e especificações de produtos e serviços) e tratando com rapidez e eficácia as eventuais anomalias (parte do "C").

Nesse momento entendemos porque precisamos passar da "borda" do SDCA e girar o ciclo do PDCA. No mundo competitivo atual, tudo é muito dinâmico, por exemplo, o produto e serviço que hoje têm relativo sucesso, podem num futuro breve não atender mais as expectativas do cliente e aquele padrão de resultado precisa ser melhorado, para garantir competitividade e a sobrevivência do negócio.

As anomalias/problemas que o nosso gerenciamento da rotina SDCA não está resolvendo, devem ser transformados em problemas prioritários e acionar o giro do PDCA (parte superior da figura) para fazer uma análise completa, que como já foi visto no capítulo 8, após todo o ciclo completo, as melhorias obtidas serão incorporadas no sistema de padronização, que faz parte do SDCA, na forma de nova especificação, novo padrão de tarefa, ou seja, na forma que garanta que a nova melhoria conquistada com o giro do ciclo PDCA passe a ser incorporada no processo diário no gerenciamento da rotina.

Em paralelo a isso, o planejamento estratégico da organização gera uma demanda de novos desafios que direcionarão a empresa para o crescimento com patamares ainda não conquistados. Logo, todas as áreas da companhia/organização recebem metas anuais em várias dimensões (qualidade, custo, segurança etc.) que se transformam em projetos de melhoria que os gestores formarão grupos para trabalhar, e em geral utilizarão o ciclo PDCA para atingir a meta desse projeto, pois podemos dizer que essa melhoria é um "problema bom" que embora ainda não saibamos como fazer para atingi-la, podemos alcançar um patamar ainda desconhecido se concentrarmos esforços e conduzirmos o projeto com foco, método, conhecimento técnico e liderança.

Dentro dessa abordagem de alinhamento entre SDCA e PDCA, estamos vendo a importância desses dois ciclos trabalharem em equilíbrio, mas, em geral, ouvimos falar muito mais do PDCA, do que do SDCA. Um dos motivos é que na verdade a essência do SDCA, que é a padronização, já aparece no passo 7 do PDCA, na etapa A. Mas ambos os ciclos têm grande importância metodológica e se complementam. O ciclo PDCA tem foco na melhoria contínua, buscar novos patamares ou fazer análise profunda dos problemas recorrentes do gerenciamento da rotina que não estão tendo êxito de bloqueio. Já o ciclo SDCA gera a rotina de praticar no dia a dia os resultados padronizados que foram preestabelecidos no projeto inicial do produto ou serviço além de ser retroalimentado pelas melhorias obtidas no PDCA.

9.4: O CICLO SDCA E PDCA -- CUIDADO COM A "SÍNDROME DO CARANGUEJO"

Mais um reforço para fechar este importante assunto. A figura 22 representa bem o que deve ser o equilíbrio num sistema de gestão vencedor. Do lado direito, a melhoria contínua, o PDCA, onde dentro de um prazo determinado, estabelecemos metas arrojadas para alavancar a competitividade da área em questão com resultados diferenciados, alinhado com as diretrizes da alta direção, estabelecendo um plano com projetos de melhoria bem focados e embasados em uma análise de fenômeno onde se usou todo o conhecimento técnico do time, acompanhado por um check de resultado sistemático, numa frequência adequada para uma correção de rota imediata, caso necessário. No lado esquerdo, o SDCA, que é o que sustenta nosso resultado atual, com especificações bem definidas, que garantem quantitativamente a necessidade do cliente, onde temos um time treinado constantemente nos padrões robustos do processo, para garantir tais especificações, e onde temos também itens de controles para garantir a tratativa das anomalias, caso elas ocorram.

Figura 22: Equilíbrio SDCA e PDCA

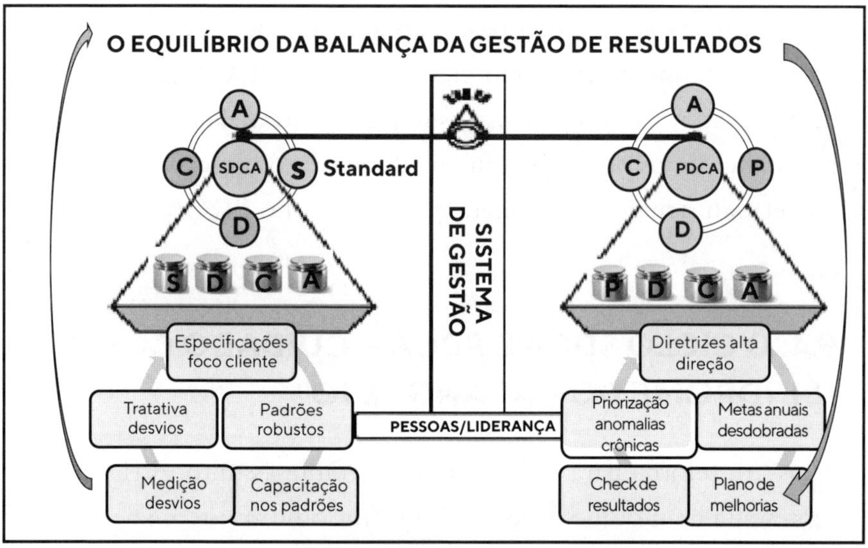

O EQUILÍBRIO DA BALANÇA DA GESTÃO DE RESULTADOS

SDCA – Standard – SISTEMA DE GESTÃO – PDCA

- Especificações foco cliente
- Tratativa desvios
- Padrões robustos
- Medição desvios
- Capacitação nos padrões

PESSOAS/LIDERANÇA

- Diretrizes alta direção
- Priorização anomalias crônicas
- Metas anuais desdobradas
- Check de resultados
- Plano de melhorias

Como mostra a figura, esses dois lados devem estar sempre em constante equilíbrio, pois se um lado "pesar mais" que o outro, nosso sistema e resultados se comportarão, literalmente, como um caranguejo, andarão para trás, regredindo. Pois se faço melhoria contínua e não realimento meu sistema de padronização (o SDCA) com essa nova melhoria, não vou conseguir manter esse patamar de resultado alcançado. Essas melhorias devem ser incorporadas aos padrões de processo, traduzido em novas especificações, treinamentos, garantido que daqui para frente todos os meus produtos e serviços sejam entregues ao cliente nesse novo nível de resultado. Por outro lado, se sigo a jornada sem desafiar os processos sem novas metas desafiadoras, apenas mantendo o resultado atual, com o tempo, nossos ótimos resultados de hoje, tornar-se-ão medíocres amanhã. Então, como está o equilíbrio do seu processo? Não seja um caranguejo!

9.5: AS ATITUDES OBSERVADAS NO LÍDER QUE PRATICA O GERENCIAMENTO DA ROTINA COM EXCELÊNCIA

▶ *Tem consciência plena da importância da padronização*

O líder com o método de gerenciamento da rotina bem desenvolvido estimula o tempo todo que sua área tenha um sistema de padronização que realmente funcione e que seja o grande suporte para reduzir a variabilidade nos produtos e serviços que serão enviados aos clientes. Não abre mão de ter um processo estável e sabe que não é algo que acontece naturalmente e que seu papel é o tempo todo retroalimentar essa importância para o seu time.

▶ *Estimulam a capacitação contínua do seu time nos padrões de trabalho*

O líder que acredita na importância da gerência da rotina, apoia incondicionalmente o treinamento contínuo da equipe nos padrões de trabalho e também em outras competências que contribuirão na performance do profissional em suas atividades, como, por exemplo, treinamentos que fortaleçam seu conhecimento técnico no tema em que atua, e também outros ligados à metodologia que fortaleça seu conhecimento no método.

▶ *Trabalha com a sistemática de priorização de anomalias*

O gestor que pratica o gerenciamento da rotina com excelência tem no radar de prioridades as anomalias crônicas que sua gestão da rotina não está sendo eficaz em resolver, e prontamente organiza e disponibiliza recursos para focar esses problemas prioritários e se necessário girar o PDCA para resolvê-los em definitivo. Pois tem consciência do efeito devastador dos problemas crônicos, se eles não forem neutralizados. Essa abordagem da habilidade de resolver problemas, já foi amplamente vista no capítulo 8.

9.6: PRATIQUE GERENCIAMENTO DA ROTINA!

9.6.1: Conheça muito bem os padrões que regem a sua atividade

O primeiro passo para você praticar a gestão da rotina é conhecer e praticar os padrões de sua área. Se foi transferido, mudou de área, a primeira atitude que você deve ter é buscar qual o conhecimento necessário para exercer aquela função. Esse conhecimento pode ser desde algo muito técnico, no qual você terá que se aprofundar, ou talvez alguns regulamentos internos que deverá tomar conhecimento e praticá-los. Aqui vale a reflexão que muitos dos desvios e erros no dia a dia, que acabam prejudicando o resultado, acontecem em função da falta de conhecimento dos procedimentos. Para fazer uma boa análise de um desvio é muito importante fazer a grande primeira pergunta:

> "EXISTE ALGUM PADRÃO ASSOCIADO A ESSE DESVIO/PROBLEMA?"

Se existe, é importante que quem esteja fazendo a investigação, conheça o padrão.

Novamente é bom lembrar, que não estamos falando de conhecimento generalista técnico, mas do conhecimento essencial que rege o domínio tecnológico daquela atividade.

9.6.2: Desenvolva o bom hábito de questionar sobre a existência dos padrões

Se um problema na sua área ocorrer inúmeras vezes, você já pode, de imediato, fazer alguns questionamentos:

- Essa atividade está padronizada? Se não, posso criar um padrão, que evitará novos erros?
- Se tem padrão, há garantia que todos envolvidos na tarefa estejam treinados?

Se você fizer essas duas simples perguntas ao desenvolver o modelo mental de processos frente aos desvios no dia a dia, e trabalhar com foco na padronização dos processos e no treinamento da equipe, não tenha dúvida de que as suas anomalias diárias reduzirão significativamente. Em muitas situações em que a causa raiz de um problema está associado ao não cumprimento de um padrão já estabelecido, em vez de se reestabelecer o cumprimento do padrão, já se pensa em gastar energia formando grupos de trabalho para investigar a causa por meio de um PDCA, quando na verdade a solução está já estabelecida no padrão atual. Não tenha dúvida de que a falta de padronização ainda é um problema que assola a maioria das organizações.

9.6.3: Tenha certeza de que cada um da sua equipe saiba o resultado esperado de sua função, inclusive você!

O ponto principal aqui não é apenas todos conhecerem a sua meta, mas sim o propósito principal de porque a sua função existe e que essa pessoa saiba expressar claramente quando questionada sobre qual o resultado esperado de sua função, que ela seja capaz de descrever no mínimo de uma forma que seja coerente com o que de fato a organização descreveu para aquele cargo/função. Parece óbvio, mas não é natural de acontecer. Faça um exercício simples de checagem entre o seu time: faça essa pergunta, por exemplo, para pessoas que têm a mesma função, e veja se elas terão a mesma resposta.

A conclusão que queremos chegar aqui é de que a premissa inicial para as pessoas e organização deve estar alinhada e a padronização comece a ser respeitada e valorizada, que cada um saiba porque está ali e qual sua entrega, de uma forma simples e clara.

O QUE NÃO DEVO FAZER SE QUERO PRATICAR EXCELÊNCIA NA GERÊNCIA DA ROTINA

- Achar que tudo tem que entrar na sua agenda de rotina. Deve haver uma priorização muito alinhada com o médio e longo prazo. Lembre-se de que sua agenda diária bem executada, com foco nos resultados, é que vai te fazer chegar na meta do mês e na meta do ano;

- Padronizar "coisas" e não as tarefas críticas que levam ao resultado. A padronização deve ser priorizada para aquelas tarefas que realmente agregam valor no resultado. Foi abordada no início do capítulo uma ferramenta importante que é a matriz de priorização de tarefas que nos ajuda nessa importante missão;

- Procrastinar, adiar a tratativa das anomalias, com origem nas atividades diárias que fazem parte do processo do produto ou serviço a ser entregue ao cliente. Esse item já foi citado mais de uma vez neste capítulo, mas vale mais uma vez para enfatizar. Qualquer gerenciamento da rotina se esfacela se não dedicarmos tempo para analisar e tomar contramedidas de bloqueio. Capacite ao máximo sua equipe nisso;

- Confundir SDCA com PDCA. Se você girar o PDCA e sua causa fundamental for não cumprimento de algum padrão que já existe, você caiu numa armadilha perigosa. É um sinal claro que não se está girando bem o ciclo do SDCA, principalmente na questão da checagem das especificações e treinamento da equipe nas tarefas críticas.

FAÇA SEU DIAGNÓSTICO – GESTÃO DA ROTINA

Responda às perguntas ligadas à característica gestão da rotina. Após a autoavaliação, você pode praticar as dicas da seção "pratique" e da seção "o que não devo fazer" para melhorar seu comportamento nessa característica abordada aqui neste capítulo.

Tabela 10: Checklist autoavaliação da característica gestão da rotina

	Questões avaliadoras — Gestão da rotina	Sim	Não
1	Você considera que conhece bem os principais padrões que existem no setor onde trabalha?		
2	Você considera que *todos* os padrões de trabalho necessários para sua área funcionar estão bem descritos?		
3	Pensando em você! Considera-se bem treinado nos padrões de sua área?		
4	Pensando nos demais de sua equipe, você considera que eles estejam bem treinados nos padrões da área?		
5	Considera que tem bom domínio da técnica de tratar as anomalias principais do dia a dia?		
6	É *pouco comum* você presenciar os mesmos problemas ocorrerem na sua área no tempo de um mês?		
7	Considera que onde trabalha são medidos todos os principais indicadores de resultado que auxiliam você a tomar decisões?		
8	Acha que todos os indicadores medidos são "úteis" para tomada de decisão no dia a dia?		
9	Se você fosse dar uma nota de 1 a 10 no alinhamento dos seus indicadores diários de sua área com os principais pontos estratégicos da empresa, você daria mais que sete?		
10	Você utiliza a técnica de priorizar as principais anomalias (exemplo: princípio de Pareto) para direcionar as pautas mais urgentes suas e de seu time?		
TOTAL			

PARTE III
CONHECIMENTO TÉCNICO E SUAS CARACTERÍSTICAS

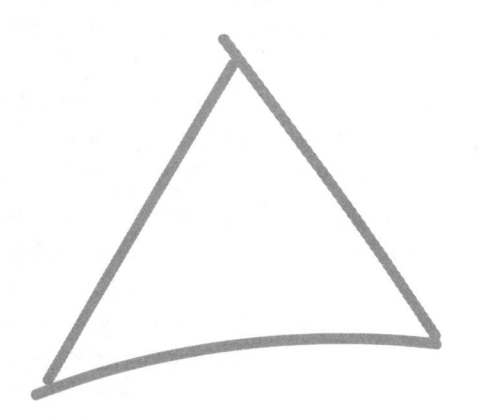

Chegamos ao terceiro lado do triângulo, o técnico, que é tão importante e estruturante quanto os outros dois. Talvez este lado seja aquele que "corre" mais veloz, devido ao fato de ter que se acompanhar a rápida atualização tecnológica que nos coloca no estimulante desafio de entramos no espiral da aprendizagem contínua. Não que o lado do método e da liderança não nos coloque neste mesmo ciclo de aprendizagem, mas na parte técnica, o volume de informações que precisamos absorver em geral é muito maior, ou seja, mais carga para nosso maravilhoso cérebro processar.

Ao longo de sua vida você recebe vários tipos de conhecimento técnico. O primeiro deles é aquele que se recebe na alfabetização e ensino fundamental, que é base técnica que vai te acompanhar até o resto de seus dias. Para quem ingressa em uma universidade, tem que decidir por um novo conteúdo técnico que a princípio vai te dar a primeira lapidação profissional, o conhecimento teórico técnico específico da área que você escolheu atuar. Quando você entra no mercado de trabalho, começa a ter a oportunidade de desenvolver o conhecimento prático ou tácito (vai demorar um pouco para ser um especialista) que nada mais é do que tentar aplicar um pouquinho daquele conhecimento técnico da universidade, errar, entender onde errou e daí gerar um certo aprendizado baseado no mundo real.

Até agora foi citada a relação do indivíduo com o conhecimento técnico, mas este tipo de conhecimento também é de grande importância para as organizações. Todo produto ou serviço desenvolvido e comercializado pela empresa e por sua vez adquirido pelo cliente, tem por trás dele o que chamamos de conhecimento embarcado, que nada mais é que todo estudo de concepção e desenvolvimento que envolveu o conhecimento de inúmeros profissionais. A este aporte de conhecimento chamamos de domínio tecnológico da empresa, no qual deve ser bem resguardado nos padrões de trabalho da organização, conforme vimos no capítulo 9.

O aprendizado contínuo das pessoas da organização praticando diariamente aquele domínio tecnológico embarcado no processo, gera o que se chama de conhecimento tácito, que é o conhecimento aprimorado a partir do conhecimento teórico baseado na experimentação prática. E é esse conhecimento tácito adquirido que deve continuamente enriquecer os padrões atuais, num processo de melhoria contínua. Um ponto importante a se destacar é que o verdadeiro valor do conhecimento técnico aparece quando ele é colocado em prova, em prática. Portanto, algo que deve ser sempre incentivado nas organizações é o compartilhamento de conhecimento, pois é esta prática que vai gerar a sinergia de aprendizado.

E disseminar conhecimento é uma grande missão do líder junto ao seu time. Isto deve ser seu copo de água diário, deve estar como tarefa prioritária na sua agenda diária. Agregar conhecimento ao time com foco em faze-los crescer e gerar resultado é uma grande essência da liderança."

CAPÍTULO 10

VISÃO SISTÊMICA – FOCO NO MURO, MAS SEMPRE PENSANDO NA CATEDRAL!

"NÃO SE APEGUE A SUA ÁREA, DEDIQUE-SE A TODO O PROCESSO".

Nada melhor do que começar este capítulo relembrando a parábola dos três pedreiros. Um homem passa em frente a um grande canteiro de obras, e curioso de saber o que ali estava sendo feito, fez a mesma pergunta para três diferentes pedreiros que lá estavam trabalhando:

- "Ó grande trabalhador, o que estás fazendo aqui?"
- E então recebeu três diferentes respostas:
- O primeiro respondeu: "Estamos preparando argamassa."
- O segundo respondeu: "Vamos levantar um grande muro!"
- E o terceiro: "Vamos erguer uma majestosa catedral..."

A definição mais clara do que é ter visão sistêmica está descrita na parábola acima. Seria ter o entendimento do todo, com base no estudo, compreensão e análise de cada parte que compõe esse todo.

E como se traduz a importância de desenvolver a visão sistêmica no profissional e nas organizações? Esse é o ponto central deste capítulo, pois a visão sistêmica bem desenvolvida te permite ver o todo de uma organização ou de uma situação de uma ótica mais ampla, mas conectada entre as partes.

10.1: A IMPORTÂNCIA DA VISÃO SISTÊMICA NAS ORGANIZAÇÕES

A empresa/organização que tem a preocupação de aumentar a visão sistêmica e estratégica de seus principais líderes estará sempre dando um passo importante para aumentar sua competitividade, percepção de mudança do cenário de mercado e principalmente de ter um sistema interno bem conectado que interaja para os principais objetivos comuns da empresa, como por exemplo, a lucratividade final.

Um ponto que pode ser mortal em uma organização é quando os gestores de diferentes áreas (como: manufatura, comercial, marketing etc.) começam a tomar decisões, levando em consideração apenas as metas individuais de suas áreas. Os fatores competitivos chaves que a visão sistêmica traz para a empresa são:

- Melhor planejamento considerando as necessidades de todas as áreas;
- Geração de análises mais profundas, considerando todo o negócio;
- Soluções de problemas genuínos que de fato melhoram o resultado do todo e não melhorando uma área e piorando a outra;
- Maior capacidade analítica e velocidade de reação em momentos de crise;
- Melhor condição de atuar preventivamente em potenciais problemas;
- Melhor condição de decidir acerca de novas plataformas de inovação e tecnologia para alavancar o negócio.

10.2: PRINCIPAIS PONTOS PARA A ORGANIZAÇÃO DESENVOLVER UMA CULTURA DE VISÃO SISTÊMICA

Para realmente a empresa desfrutar desses fatores competitivos é necessário criar uma cultura que desenvolva nos seus colaboradores, e principalmente nos seus líderes, trabalhar para o resultado global da companhia e não de uma forma departamental, que tende a divergir os esforços e não gera sinergia no resultado final.

Mas quais iniciativas a organização pode adotar para construir esse modelo de visão sistêmica? Seguem algumas que devem ser consideradas:

▶ *Clareza na comunicação da estratégia*

Um ponto básico para desenvolver uma cultura de visão sistêmica na empresa é ter um fluxo transparente de comunicação dos objetivos estratégicos e metas globais da companhia. Não precisa ser tudo, mas aqueles princípios norteadores que direcionarão a companhia no mínimo nos próximos dois anos. Se isso não está claro até pelo menos para a alta e média liderança (vamos considerar aqui até o gerente de área), dificulta muito a tomada de decisão dos líderes numa visão global.

Ter, por exemplo, a missão, a visão e os valores da empresa atualizados e conectados com a estratégia cria uma identidade fácil de permear em todos os níveis da empresa e também nos clientes e fornecedores.

▶ *Avalie gerenciar por processos e não por áreas*

Trabalhar com o desenho por processos é mais eficiente do que trabalhar como simples setores. Um processo entrega um produto final independentemente de ter mais de uma área dentro dele. A visão por processos integrados, onde os produtos e processos fluem ao longo dele, facilitando enxergar início e fim, mesmo estando sob mais de uma autoridade gerencial, torna bem mais fácil o entendimento sistêmico do fluxo global da empresa. Um exemplo, podemos citar que o processo industrial da organização é composto de quatro áreas como recebimento, processamento, empacotamento e expedição.

Quando se trabalha por processos, pode-se usar a técnica que chamamos de mapeamento do fluxo dos processos, onde se mapeia toda a cadeia por onde passam os insumos e informações necessários para chegar ao produto ou serviço final. Partimos mapeando todas as entradas e saídas, utilizando o conceito de fornecedor e cliente interno, o que ajuda a controlar melhor a qualidade de entrega das especificações, independentemente de quem é o dono da área.

- *Desenvolva indicadores-chave de desempenho e que todas as áreas tenham acesso ao mesmo número.*

Aqui estamos falando dos tão comentados KPIs (Key Performance Indicators, no português: Indicadores-Chave de Desempenho). Esses indicadores têm métricas bem definidas que deixam claro sua base de cálculo, gerando um entendimento claro e padronizado para toda a organização (exemplos: Turnover, EBTIDA, Índice de Reclamações e Volume). Esses KPIs produzem uma visão sistêmica de desempenho para toda a organização. Dessa forma, consegue-se mais potência para disseminar a estratégia na empresa, fazendo com que o gestor de cada área entenda melhor onde pode contribuir com o resultado global. Esses indicadores-chave devem passar uma visão de melhoria global, no processo como um todo, em toda cadeia produtiva ou de serviços avaliando o impacto e convergência em cada etapa. O que chamo aqui de convergência seria a melhoria em uma parte do processo, não reduzir a de outra parte, como se numa calça você colocasse dinheiro em um bolso, mas, ao mesmo tempo, tirasse do outro bolso. Por exemplo, a equipe de produção comemorando recorde de produção e a equipe de venda não atingindo a meta, aumentando o estoque.

- *Investigue sempre a causa raiz do problema de ponta a ponta do processo.*

Já abordei o assunto de investigação das causas no capítulo 8, onde foi explorada a necessidade de desenvolver um modelo mental de solução de problemas, buscando verdadeiramente a causa raiz dos problemas de forma que seja possível bloqueá-las em definitivo. Em relação ao desenvolvimento de visão sistêmica é muito importante a abordagem de solução de problema permear o máximo possível da cadeia. Dizer que a causa está no processo anterior e não envolver esse processo na análise e solução é um erro fatal. Assim, quanto maior for a cadeia, mais complexa fica a análise de riscos e solução de problemas. É importante desenvolver uma sistemática de comitês de trabalho com equipes multifuncionais para aumentar a capacidade de análise nos problemas que envolva toda a cadeia.

10.3: ATITUDES OBSERVADAS NO LÍDER QUE TEM VISÃO SISTÊMICA

- *Tem foco constante em entender ao máximo como os processos se conectam*

Pessoas, líderes com uma visão sistêmica e estratégica têm uma percepção desenvolvida em entender as conexões que existem entre os processos e buscam sempre a máxima sinergia e a influência macro e também micro no desempenho global. Não são míopes em subjugar a interferência constante dos fatores externos, de mercado, de economia, da comunidade; buscando sempre antecipar uma visão que possa dar uma vantagem competitiva. Aqui, resgato também a característica de resiliência, especificamente na capacidade de se adaptar mais rápido, pois o líder com visão sistêmica se adapta a condições novas e adversas melhor do que outros que estejam muito apegados aos seus conceitos tradicionais que sempre davam certo, mas que agora não é mais uma realidade.

Um ponto importante aqui é: quanto mais rápido você entender seu papel dentro do sistema, ou seja, uma visão sistêmica de como você se conecta com todas as pessoas e processos, mais poderá influenciar as pessoas a sua volta, em sua área e os demais *stakeholders*. Com essa rede mais mobilizada, a velocidade de reação é muito maior e você pode acelerar resultados.

▶ *Não tem apego a modelos e tem consciência da transformação dinâmica que ocorre todo o tempo*

O profissional que quer desenvolver sua visão sistêmica continuamente não pode se apegar a conceitos fixos de negócios, de novo a resiliência aqui aparece e o foco sempre é assertividade para a melhor decisão, mesmo que implique aspectos fortes de mudança. Esse líder vai encarar essa mudança de peito aberto, se entender sistemicamente que esse é o caminho que vai levar ao melhor resultado global para a companhia. Sua análise crítica é muito apurada e com sua prática, sempre visa novas oportunidades de negócios. Portanto, a visão sistêmica traz naturalmente uma positiva insatisfação que jamais fará que se acomode nos problemas.

▶ *Tem seu autoconhecimento bem desenvolvido*

Aqui vale a máxima: para conhecer bem o todo, a primeira coisa é conhecer bem a si mesmo, sejam fortalezas, fraquezas, medos, propósitos, e assim por diante. Quem desenvolve a visão sistêmica, agrega e desenvolve um maior discernimento em identificar suas vulnerabilidades emocionais, neutralizando-as no momento de decisões importantes, agregando mais lógica, racionalidade e objetividade. Como consequência, consegue desenvolver uma visão mais ampla dos cenários e conectadas com todas as partes.

10.4: PRATIQUE DESENVOLVER VISÃO SISTÊMICA

10.4.1: Saia do seu "campinho", conheça como operam as áreas mais importantes de sua organização

Parece ser óbvio, mas isso não é algo que um profissional busca com naturalidade, desenvolver uma visão "binóculo" fora da sua área ou processos de atuação. Para não passar vergonha dizemos que temos uma boa noção, mas a verdade é que a rotina costuma ser tão avassaladora que acabamos não deixando tempo para pesquisar e aprender em outros processos, o que é um grande erro, pois a simples observação do conceito de como funcionam e operam outros processos, mesmo que tecnicamente seja bem diferente, pode nos ampliar a forma de pensar sob o ponto de vista de algum problema. Às vezes um ponto de melhoria que você necessita na sua área, pode ser a fortaleza de outra área que pode ajudar a "abrir" sua cabeça para algo que ainda não tenha despertado. Além disso, conforme foi abordado neste capítulo, é de extrema importância você ter a noção da cadeia inteira, numa visão que costuma se chamar de "porta a porta", para entender por completo o processo de geração de valor da companhia.

10.4.2: Busque participar de projetos, frentes que te permitam conhecer outras áreas

É muito comum nos modelos de trabalho das organizações, haver projetos multifuncionais, comitês onde são conduzidos temas que são de interesse comum de todas as áreas da empresa, ou até mesmo da comunidade onde a empresa está inserida. Em geral esse tipo de "frente" costuma ser uma ótima oportunidade de aprender sobre processos diferentes de onde se trabalha e também de ter contato com pessoas com outras formações, atribuições e experiências diferentes da sua. Assim, se surgirem oportunidades desse tipo, ofereça-se como voluntário, mergulhe no desafio, com foco em contribuir com o projeto em si, mas muito também em aprender e aumentar sua visão sistêmica.

10.4.3: Visite outras empresas e instituições fora do ramo que você atua

Essa também é uma ótima oportunidade de ampliar sua forma de ver o negócio onde atua. Visitar empresas de outro ramo, com diferentes produtos, faturamento, perfil de cliente e principalmente desafios e soluções que podem te dar uma visão amplificada de soluções que você pode aplicar na sua área de atuação. O simples fato de você diversificar sua rede de contato no perfil do LinkedIn, por exemplo, buscando incluir profissionais de outras áreas, já pode ser um primeiro passo para aumentar sua oportunidade de conhecer novos processos.

10.4.4: Tenha o hábito de praticar a análise SWOT para entender seu ambiente interno e externo

A análise SWOT é uma ferramenta já muito difundida em todas as áreas de negócio. Em situações de incerteza, onde é fundamental buscar uma visão mais ampla do cenário interno e dos fatores externos que podem influenciar, a Matriz SWOT auxilia em entender as correlações que possam existir entre os pontos fortes e oportunidades da organização, relacionando com os fatores relevantes do cenário externo, tanto a nível regional ou global. Esse tipo de análise proporciona entender a posição de seu negócio ou organização, quando se compara, por exemplo, com concorrentes, novos mercados, gerando uma análise mais profunda para superar imprevistos e desafios. O ponto principal da análise é o seguinte: analisar o ambiente interno é que vai identificar as forças e fraquezas. E a interpretação do ambiente externo, mostra as oportunidades e ameaças. Abaixo um breve descritivo do que significa cada um desses itens.

> **Ambiente Interno:** chama-se de ambiente interno aquele que você e a organização têm o controle, podem interagir diretamente, atuar e modificar. É nesse ambiente que você vai encontrar as forças e fraquezas. As forças são aquelas características que o seu ambiente interno domina, é uma fortaleza quando comparado, por exemplo, ao concorrente. As forças, quando identificadas, devem ser sempre trabalhadas para serem mantidas e principalmente, potencializadas. E as fraquezas seria o oposto, são as características

que desfavorecem a organização e a equipe, quando comparado a outro cenário ou concorrente.

> **Ambiente externo:** aqui se analisa os fatores que estão fora do ambiente da organização, onde esta não tem controle direto, mas que é influenciada direta ou indiretamente, como por exemplo, cenário econômico, político, nova tendência de mercado etc.

10.4.4.1: COMO MONTAR A MATRIZ SWOT

A seguir o passo a passo para a construção da Matriz SWOT:

> **Passo 1:** Defina de forma objetiva, qual fator será analisado;
>
> **Passo 2:** Busque com a equipe definir quais são suas forças;
>
> **Passo 3:** Fazer o mesmo em relação as fraquezas;
>
> **Passo 4:** Mapeie as oportunidades;
>
> **Passo 5:** Mapeie as ameaças;
>
> **Passo 6:** Plote os itens levantados no quadrante determinado, conforme exemplo da figura 23.

O exemplo da figura 23 auxilia no entendimento. Suponha que você seja o gestor ou dono de uma loja de fast-food e quer fazer uma avaliação mais sistêmica da lucratividade do negócio e dessa forma você reúne sua equipe de colaboradores para construir uma análise utilizando a matriz SWOT.

Figura 23: Exemplo da análise SWOT

	Forças (Strengths)	Fraquezas (Weaknesses)
Fatores internos	Boa localização.	Por se situar em capital, custo elevado de mão de obra.
	Espaço adequado, amplo.	Pouco investimento em divulgação na mídia.
	Quadro funcionários completo e treinados.	Qualidade do pão de hamburguer.
	Estabelecido já há 15 anos na região.	Serviço de entrega com pouco movimento.
	Ambiente reformado no último ano.	Reclamação em relação ao tempo do pedido.
Fatores externos	Novo centro comercial com 50 lojas a uma quadra de distância.	Custo fixo de agua e energia, aumentaram em 15% no último ano.
	Hamburgueria próxima fechou, diminuindo a concorrência.	Violência na região, diminuiu movimento no horário noturno.
	Inclusão da loja no sistema de avaliação de restaurantes locais.	Redução do número de fornecedores de hamburguer, aumentou o custo deste ítem em 10%.
	Negociação da associação de fast food para convênio com empresas de ticket de alimentação.	A rede virtual de entrega de pedido, aumentando muito na região.
	Oportunidades(Opportunities)	Ameaças(Threats)

Com a matriz montada com a equipe, devem ser conduzidos os questionamentos:

- Que forças potencializam quais oportunidades?
- Que forças neutralizam quais ameaças?
- Que fraquezas prejudicam quais oportunidades?
- Que fraquezas potencializam quais ameaças?

Na sequência, elabore ações para cada um dos questionamentos e faça um acompanhamento sistemático destas.

Em resumo, a análise SWOT auxilia em ter um entendimento mais sistêmico de seu negócio, servindo como base para fazer um plano sustentável de crescimento.

10.5: O QUE NÃO DEVO FAZER SE QUERO DESENVOLVER VISÃO SISTÊMICA

- Não caia na perigosa armadilha de achar que as soluções de seus problemas sempre estão na sua área. Se tentou resolver uma vez e não teve sucesso, considere a possibilidade de aumentar o escopo de sua análise, envolvendo pessoas de outras áreas que você considere que possam contribuir com o encaminhamento da solução do problema;
- Também não adianta apontar o canhão de culpado para outras áreas e não interagir na solução do problema comum;

- Frente a uma mudança organizacional na qual você não está confortável, não a rejeite antes de ter um conhecimento amplo do grau de importância para a empresa como um todo, e não para a área onde atua. Lembre-se que buscar conhecimento sobre a mudança, detalhes de como sistemicamente isso afeta você e a organização, é sempre uma atitude positiva e que aumenta sua capacidade de compreender o todo;

- Não se isole no seu dia a dia, no seu campinho de trabalho, busque constante interação com profissionais de outras áreas e também de outras empresas. Isso oxigena muito sua visão de pensar e ter uma noção dos desafios que as outras pessoas estão enfrentando, sem achar que "o seu" sempre é o maior.

10.6: FAÇA SEU DIAGNÓSTICO – VISÃO SISTÊMICA

Responda na sequência as perguntas relativas ao diagnóstico de visão sistêmica. Após a autoavaliação, você pode praticar as dicas da seção "pratique" e da seção "o que não devo fazer" para melhorar seu comportamento nessa característica abordada aqui neste capítulo.

Tabela 11: Checklist autoavaliação da característica visão sistêmica

	Questões avaliadoras – Visão sistêmica	Sim	Não
1	Você tem conhecimento claro da estratégia de crescimento da organização onde atua?		
2	Você tem uma visão clara na organização de quem são seus clientes internos (de quem depende no processo anterior para executar seu trabalho) e de seus clientes externos (quem depende de sua entrega para executar o trabalho)?		
3	Considera que você e demais áreas com as quais interage têm todas as informações necessárias para trabalhar e entregar o resultado?		
4	Atualmente, acha que tem todo conhecimento necessário de outras áreas e de como a organização opera?		
5	De 1 a 10, você se daria mais de sete em relação a sua atualização aos acontecimentos mais estratégicos dentro da sua área de atuação, fora da organização (como está o mercado dentro do setor que atua)?		
6	De 1 a 10, você se daria mais de sete em relação a sua atualização aos acontecimentos do cenário geral de economia mundial. Investe algum tempo nesse tipo de atualização (leituras frequentes, acompanhamento diário de noticiários)?		
7	Quando tem um problema na sua área, considera sempre na análise da causa raiz a possibilidade de ter outras áreas envolvidas no problema?		
8	Nos últimos 12 meses, você participou de algum evento, ou se envolveu em alguma tarefa que você percebeu que foi útil para desenvolver sua visão sistêmica?		
9	Participou nos últimos 12 meses de algum projeto interfuncional de médio prazo que envolvesse outras áreas além da sua?		
10	Você mudou de empresa ou de área nos últimos três anos?		
TOTAL			

CAPÍTULO 11

APRENDIZAGEM CONTÍNUA E ATUALIZAÇÃO TECNOLÓGICA — NÃO PARE NO TEMPO!

NÃO SEJA ATROPELADO PELA TECNOLOGIA, VOE COM ELA!

O desenvolvimento contínuo é fundamental para o indivíduo e profissional. É a garantia de que continuaremos atualizados e competitivos frente à veloz onda de mudança tecnológica e globalização. Investir em constante aprendizado é fundamental e hoje em dia com toda a facilidade de acesso aos conteúdos de informação, essa missão fica relativamente mais fácil do que, por exemplo, há 20 anos. Nesse sentido, é vital desenvolver novas habilidades e competências, atualizando-se e conectando com as novas oportunidades que surgem. Esse aprendizado constante direcionará você a obter maior produtividade, tendo em vista que tudo novo que você aprende, novas tendências, ajudam a aumentar a "caixa de ferramentas" disponível quando precisar enfrentar algum desafio.

11.1: APRENDIZAGEM CONTÍNUA = APRENDENDO + PRATICANDO

Novamente, na era de facilidade de acessos a conteúdos, o estudar e se capacitar está cada vez mais fácil, mas nunca o abismo entre o "eu estudei" e "eu pratiquei e aprendi" esteve tão grande. A grande diferença entre você e outra pessoa que teve o mesmo conhecimento é o quanto tempo cada um de vocês se dedicará a colocar em prática aquele novo aprendizado, seja o conhecimento de um livro ou de um curso em Harvard. A síndrome do "Eu sei" está cada vez maior, mas no momento de aplicar à realidade é muito abaixo da expectativa em termos de desempenho. Na figura 24 abaixo temos a pirâmide de William Glasser. Nessa pirâmide é exposta em porcentagem a eficiência de absorção de aprendizagem de acordo com a forma, os recursos pelos quais esse conhecimento chegou até nós.

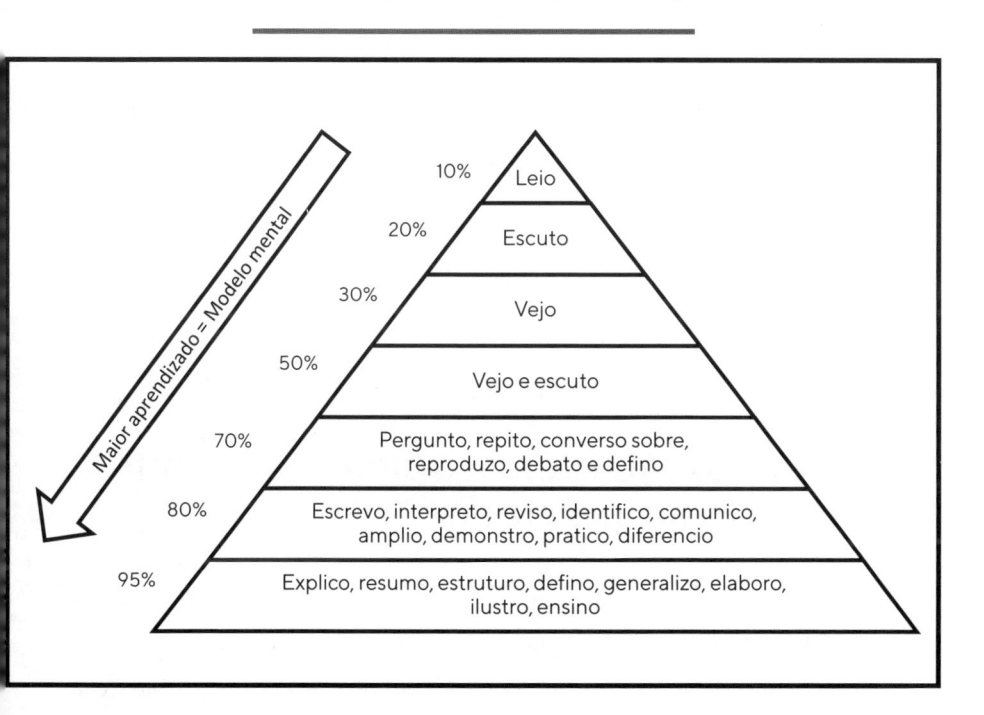

Figura 24: A pirâmide de aprendizagem

```
                            10%  Leio
                       20%       Escuto
                   30%           Vejo
               50%               Vejo e escuto
           70%                   Pergunto, repito, converso sobre,
                                 reproduzo, debato e defino
       80%                       Escrevo, interpreto, reviso, identifico, comunico,
                                 amplio, demonstro, pratico, diferencio
   95%                           Explico, resumo, estruturo, defino, generalizo, elaboro,
                                 ilustro, ensino

Maior aprendizado = Modelo mental →
```

Veja que se você faz um curso, uma capacitação teórica, seu aprendizado está no máximo na faixa dos 70%. Se você quer realmente "emplacar" esse conhecimento acima dos 90%, terá que partir realmente para atitudes como praticar, estruturar, demonstrar e os demais itens presentes na base da pirâmide (80% e 95%).

Analisando melhor essa pirâmide, você conseguirá entender melhor porque alguns conteúdos que recebe, muitas vezes são absorvidos em intensidades diferentes, pois tem relação direta de como você utilizou aquele conteúdo na sequência do momento da absorção inicial. Se teve a chance de praticar, se foi criterioso em interpretar e filtrar a utilidade para aplicar a seu favor, e assim por diante. Parece óbvio, mas tenha certeza de que se você utilizar essa pirâmide para fazer uma análise do que recebe de conteúdo de aprendizado e fazer a seguinte pergunta: "esse 'curso', esse conteúdo, em que nível de aprendizado quero chegar com ele?" Se a resposta for dos 80% em diante, desenvolva uma estratégia mais agressiva para colocar em prática esse conhecimento. Aqui o princípio é que nem tudo que aprendemos precisa chegar na casa dos 95% de absorção. Mas ter esse filtro é essencial para priorizar o seu conhecimento em fortalezas que realmente alavancarão sua performance.

11.2: EVOLUÇÃO TECNOLÓGICA – INDÚSTRIA 4.0, COMO ACOMPANHAR?

A tão comentada Indústria 4.0, também conhecida como a quarta revolução industrial, tem passado uma visão forte de que a base para a mudança e evolução necessárias nos negócios globais é a tecnologia, em uma amplitude de conexão entre sistemas, processos produtivos e pessoas. Essa tecnologia viabiliza a coleta e análise de dados, otimizando fluxos de processos, tornando-os mais rápidos e mais flexíveis com maior eficiência, elevando a patamares de qualidade e redução de custos jamais vistos.

O tema Indústria 4.0 é um dos mais comentados e pesquisados na atualidade no contexto da manufatura e serviços. Mas afinal: Quais são seus principais contornos? Serve como estratégia para alavancar qualquer modelo de negócio? Quais seriam os primeiros passos ou até premissas para embarcar nessa também chamada "revolução digital"? Vou abordar esse tema aqui, de uma forma exploratória buscando trazer uma boa reflexão para ter uma melhor base de como absorver esse conhecimento.

11.2.1: Principais elementos envolvidos

Quando abordamos o assunto Indústria 4.0, existem alguns itens estratégicos que poderíamos chamar dos contornos do escopo técnico principal, em que se baseia tudo que vem sendo desenvolvido nessa área. Como se fossem os grandes temas direcionadores que sempre estão presentes quando falamos de Indústria 4.0. São eles:

- **Tempo real:** atualmente, na velocidade em que as mudanças estruturais estão ocorrendo na macroeconomia mundial, o termo "tempo real" já vem sendo muito utilizado, principalmente no segmento de notícias e informação, onde sabemos de tudo no exato momento em que está acontecendo. Essa visão no mundo dos negócios também é de grande aplicabilidade, pois é muito importante analisar as informações estratégicas e tomar a decisão da forma mais assertiva e dinâmica, com o foco em avançar um passo mais rápido que seu concorrente, por exemplo.

- **Virtualização:** aqui falamos de como "acelerar" um acontecimento, um passo estratégico de alguma operação para termos essa informação de como tudo ocorrerá, antes de acontecer propriamente na prática. Com base na simulação computacional, a virtualização "imitará" o processo real de forma concreta, podendo usar a vantagem competitiva de computacionalmente antecipar e acelerar o tempo de processamento e ocorrência dos eventos dos processos reais, viabilizando avaliar um cenário futuro, e por meio de uma avaliação prévia, corrigir a rota dos processos produtivos e de serviços antes de eventuais falhas.

> **Descentralização dos processos decisórios:** com foco em melhorar a produção na indústria, foram criados muitos sistemas com inteligência "preconcebida" onde se tomam decisões com base em análise de dados, sem depender de ação externa e muito subjetiva, tornando a tomada de decisão mais segura e certeira.

E para sustentar essa base estratégica e de governança da Indústria 4.0, existem alguns pontos de referência como se fossem "escopos de conhecimento" que impulsionam sua evolução.

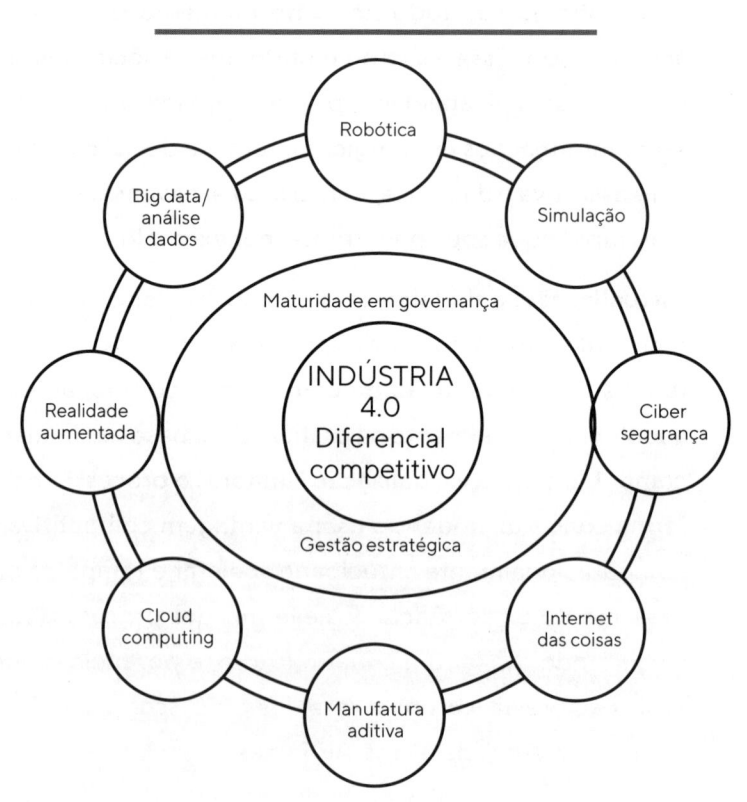

Figura 25: Os principais temas da Indústria 4.0

Esses escopos de conhecimento são:

- **Big data e análise de dados:** aborda como tratar uma imensa quantidade de dados, buscando fazer integração e sequenciamento entre eles, para construir informações que cujo maior detalhamento gere uma informação robusta que tenha utilidade competitiva para tomada de decisão.
- **A robótica:** é um conceito já trabalhado há algum tempo, principalmente na área de manufatura. Com a Indústria 4.0, a robótica vem com um grande viés de automação de uma série/sequência de tarefas de um processo produtivo, seja produção ou serviço com foco em dar autonomia de decisão em um grupo de ações e *inputs* de comando, no controle de determinadas especificações, trabalhando com avançados supervisórios. Em parte, é o que viabiliza a descentralização de processos decisórios, conforme citado antes, acelerando e padronizando muitas etapas do sistema decisório.
- **Simulação:** acelera o tempo real, inserindo todo detalhamento físico, mas mostrando de forma virtual, computacional, para testar e aperfeiçoar as configurações de processo e produto. Faz-se essa "modelagem" no processo virtual criado. Permitindo avaliação antes de qualquer mudança real. Esse recurso, quando bem aplicado e com um time capacitado na interpretação dos dados, gera uma significativa otimização de recursos, com foco em maior performance e mais economia.

A TRÍADE DA COMPETÊNCIA

> **Internet das coisas — IoT:** aqui a essência é: ter o maior número de tecnologias possíveis conectadas, para que essa troca de informação gere uma melhor performance de resultado e maior velocidade de entrega do que foi proposto. Como exemplo básico para entendimento, podemos pensar em veículos conectados com *smartphones*, centrais de estacionamento, postos de combustíveis e até centrais de controle de trânsito, trocando informações e fazendo alterações de rota que otimize todos os serviços envolvidos nessas operações.

> **Cibersegurança e Cloud computing:** para que a Indústria 4.0 possa se desenvolver, a tecnologia deve crescer proporcionalmente ao nível de segurança desses sistemas, pois caso isso não ocorra, o risco do aumento de *hackers* chegará a um ponto que inviabilizará a tecnologia. Portanto, é necessário o constante desenvolvimento de robustos sistemas de segurança para evitar sabotagem e pane generalizada dos sistemas integrados. E para completar a parte de segurança da informação, a computação em nuvem é uma das grandes tecnologias viabilizadoras da simplificação e armazenagem de dados e centralização da vigilância desses sistemas de informação para dar suporte a toda essa evolução digital.

> **Manufatura aditiva e Realidade aumentada:** dentre os principais itens, temos a impressão 3D que contribui na redução de custos para peças de configurações complexas. Outro item importante seria a realidade aumentada, como por exemplo, o uso de óculos de realidade aumentada para diagnósticos de problemas em produção e serviços, facilitando a aprendizagem e o entendimento comum das causas, sem necessariamente estar fisicamente no local.

11.3: TECNOLOGIA, INDÚSTRIA 4.0 E ESTRATÉGIA

Todas essas perspectivas de tecnologia e avanço digital sugerem fortemente para quem ainda tem apenas uma visão macro do tema como estratégia de negócios, uma sensação angustiante de que se deve entrar logo nessa espiral para não ficar "para trás" e perder talvez um diferencial competitivo. Mas a princípio, o bom e velho planejamento estratégico deve ser utilizado para se avaliar a curva de maturidade de seu negócio e de seu próprio time de trabalho com o claro entendimento de quais pontos específicos dos elementos da Indústria 4.0, servirão de alavanca competitiva e até de sobrevivência para o negócio da empresa. Se não houver essa etapa de planejamento muito bem articulada, levando em consideração que a tendência das iniciativas da Indústria 4.0 são investimentos de porte considerável, pois todas são plataformas de tecnologias avançadas, o risco de abrir "um abismo" no seu retorno sob investimento será considerável.

11.4: TECNOLOGIA 4.0, PENSAMENTO ESTRATÉGICO "1.0" – RESTRIÇÕES PARA IMPLANTAÇÃO

Uma forma de abordar se você como profissional, e a própria organização na qual você trabalha estão preparados para adotar os elementos de tecnologia da Indústria 4.0 como uma forma de modernização e diferencial competitivo, seria revisitarmos alguns dos elementos base dessa indústria citados e fazer uma análise crítica de como eles situam hoje nas suas habilidades e na sua empresa.

11.4.1: Tempo real e análise de dados

▸ **Diferencial:** análise de dados em tempo real passa a ser um diferencial competitivo se for utilizado para tomar decisões mais rápidas que façam seu processo de negócio fluir melhor, refletindo no seu resultado fim (entrega, custo, qualidade), melhorando a qualidade de análise na solução de problemas e busca de melhorias.

▸ **Restrição:** se na sua empresa você tem a sensação que produz informações "inúteis" e as essenciais para tomada de decisão parecem não estar disponíveis, ou ocorre de áreas diferentes gerarem informações em duplicidade ou que não se complementam, ou se avaliam os indicadores fins sem haver um correto desdobramento por nível para se garantir o resultado, é um sinal vermelho acendendo. A análise em tempo real não ajudará muito se estiver com foco no indicador errado.

▸ **Por onde começar:** faça um mapeamento dos processos internos de seus principais produtos e serviços. Metas que alinhem as áreas em um foco comum (operação/logística/comercial) é muito importante, pois não adianta ser rápido em tomada de decisão, se esta for unilateral e beneficiar parcialmente a empresa sem atingir o resultado fim de forma positiva e significativa. Esse item foi muito abordado no capítulo 10, visão sistêmica. KPIs bem desdobrados por nível ajudam muito para entender claramente a matriz decisória da companhia. Lembre-se que o conhecimento técnico dos processos geradores do produto ou serviço sempre será a base de inteligência de qualquer negócio, refletindo indicadores coerentes e que fazem uma leitura estratégica dos desafios a serem superados. Essa parte não é "100% cyber delegável". A inteligência estratégica também deve ser avançada, "tipo 4.0".

Figura 26: Pensamento "1.0" x Tecnologia "4.0"

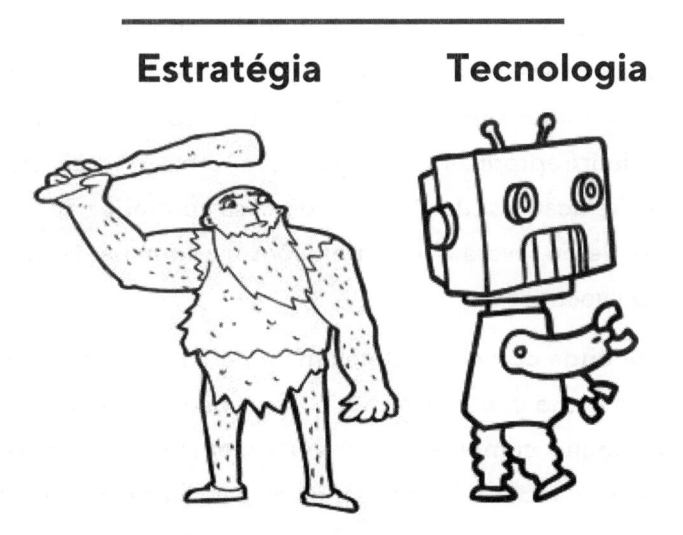

Estratégia   **Tecnologia**

Pensamento estratégico deve evoluir junto com a tecnologia

11.4.2: Virtualização/simulação

- **Diferencial:** a simulação de processos tem demonstrado ser uma excelente ferramenta que pode antecipar correções de rota antes de, por exemplo, produzir um grande lote em escala. Em alguns processos já se utiliza simulação há muito tempo e hoje em dia seria impossível imaginar o desempenho atual sem o fantástico apoio da simulação de processos, como exemplo a indústria aeronáutica e *offsho-*

re (construção de plataformas de extração de petróleo e embarcações).

- **Restrição:** se será iniciado o uso de simulação para um novo processo de produto ou serviço, é muito importante entender primeiramente a qualidade dos dados que serão imputados para construir o modelo "do estado atual" daquele processo, assim como a padronização de suas etapas. Lembremos que a virtualização para ser uma aliada deve refletir/reproduzir o processo com o máximo de precisão em relação a situação real, pois caso contrário não terá utilidade ou levará a interpretações e a tomada de decisões equivocadas.

- **Por onde começar:** adote um processo de produto ou serviço como piloto, estratégico, mas não de escopo gigante ou muito complexo. Uma vez escolhido o piloto, revise/atualize todas as informações de padronização do processo: fluxos, padrões de tarefas, especificações de insumos e produtos, para aí sim iniciar a modelagem do estado atual. Se não for dessa forma, há grande chance de insucesso e de descrédito dessa fantástica ferramenta.

11.4.3: Descentralização dos processos decisórios e modularização

- **Diferencial:** com um sistema mais descentralizado, você poderá estabelecer critérios específicos para o acompanhamento do sistema de gestão para determinado escopo de processo, e este passará a operar trabalhando com as informações geradas, além de as máquinas passarem a fornecer mais informações sobre o seu ciclo de trabalho, tendo-se uma noção real dos custos, da capacidade utilizada, da ociosidade, entre outros aspectos.

- **Restrição:** é mais do que já conhecido que sistemas com um fluxo decisório lento e centralizados ao extremo tendem a refletir em toda a cadeia, inclusive no produto e processo final. A contrapartida também é verdadeira, processos muito descentralizados aumentam o risco de não obter foco de sinergia no resultado global esperado pela organização, o famoso "todo mundo manda, ninguém decide". Para um sistema cyber-físico ser utilizado para dar dinâmica a um determinado processo é necessário um fluxo decisório bem programado e parâmetros de tomada de decisão muito centrados na relação "causa e efeito" do processo.

- **Por onde começar:** para gerar maior produtividade, obter informações na ponta para tomada de decisão (por máquinas ou pessoas), deve-se ter uma equipe preparada e altamente especializada, capaz de entender essas novas linguagens, inserir dados nos sistemas e monitorar o fluxo de informação da empresa. Será um grande erro fazer os profissionais agregarem funções específicas relacionadas a desenvolvimento e gestão desses novos sistemas. Deve-se lembrar que qualquer decisão que o sistema tomar será feita a partir de opções formuladas pela "inteligência humana" da empresa que esteja muito focada naquele processo.

Para facilitar essa descentralização para o processo fluir, a chamada modularização dos processos será de extrema necessidade, pois a produção passa a ser com foco na demanda, agregando ou desagregando módulos de produção, o que permite que cada esforço de máquina seja mais balanceado e voltado para demandas específicas, e dessa forma reduzindo o escopo decisório e facilitando a autonomia módulo a módulo.

11.4.4: Robótica

> **Diferencial:** este conceito vai muito mais além da já conhecida automação industrial iniciada nas últimas décadas, onde máquinas substituem postos operativos antes ocupados por pessoas. Falamos aqui de sistemas de armazenamento e equipamentos que passam a operar em rede, na chamada "indústria inteligente", na qual máquinas inteligentes trocam informações entre si de forma autônoma, agilizando cada vez mais a flexibilidade de produção de produtos e serviços de acordo com as demandas de mercado. O resultado esperado é um rápido aumento da produtividade e reduções significativas de energia e materiais.

> **Restrições:** se você e a organização onde você trabalha, ainda têm dificuldades em manter uma efetiva manutenção das últimas tecnologias adquiridas, tendo ainda muita dependência dos fornecedores provedores dos maquinários e supervisórios, investindo pouco em capacitação específica e até em situações necessárias criar cargos e funções para chegar à curva de maturidade dessa tecnologia, esse é um sinal de atenção que acende. Outro ponto é a questão de investimento para manutenção desses novos portfólios. Se a visão da empresa em relação a gasto fixo para manutenção de tecnologia é que reduzir custo em geral é reduzir de x para x-y, ainda não tendo uma visão consolidada de racionalização de custo, ou seja, gastar mais nos pontos críticos que manterão o desempenho do processo, é um outro ponto a se preocupar.

▸ **Por onde começar:** uma estratégia para adoção da robótica pode e deve começar a ser desenhada com foco claro no início em poucas, mas importantes partes do processo produtivo que, se melhorado, trará impacto direto em itens do plano estratégico daquela área de forma sinérgica. Pode parecer óbvio, mas não é. Se você hoje pensar em usar robótica, por exemplo, na visão 1:1 de apenas reduzir mão de obra, é um grande equívoco. Deve-se pensar como uma solução agregadora de elementos como sustentabilidade, robustez de processo, algo transformador não só para o produto ou serviço, mas para o modelo de negócio em si. Por exemplo, escolha um piloto e repense as estruturas organizacionais para serem mais fluídas e mais integradas entre si, redefina as funções e papéis das atividades exercidas pelos profissionais, dividindo, se necessário, em tarefas e subtarefas, a fim de facilitar o entendimento do resultado esperado dos pontos críticos e de gargalo. Repense escopos e formação de profissionais ligados as essas áreas em plena transformação tecnológica. Será preciso formar gente para tarefas (inteligência de análise de dados, por exemplo), que farão plena diferença.

Enfim, avalie e comece pelos pontos e processos onde você entende ser um potencial competitivo para seu negócio. Não há obrigação de iniciar já amanhã alguma iniciativa da Indústria 4.0. Como já foi citado, pense no seu planejamento estratégico e busque com seu time entender as fragilidades de seu negócio na forma que ele opera *hoje*, numa clara visão de entendimento de causa raiz vs. efeito dos principais pontos problemáticos. O modelo de se ajustar uma solução tecnológica "pronta" ao seu negócio, simplesmente porque é uma tendência de mercado, provavelmente não funcionará. Um bom caminho é iniciar um time multifuncional que conheça bem os desafios do negócio e o plano estratégico atual, e fazer uma grande imersão, experimentação de trocas de experiências com outras empresas, buscar *startups* ligadas a temas do seu negócio para entender o processo de cogeração de soluções e até avaliar se corresponde a necessidade de tempo da sua empresa.

Outro ponto crucial a ser considerado é não olhar a Indústria 4.0 como uma "onda" que simplesmente a "cultura" atual da empresa naturalmente se adaptará. Coloque as pessoas no centro da transformação, entendendo que novas habilidades e até estruturas internas devem ser criadas para que o time consiga sustentar essa mudança. Lembre-se que quando pensamos em ícones, como iPhone por exemplo, nunca esquecemos do seu criador Steve Jobs, um homem genial, mas com pensamentos centrados na necessidade humana. Nunca esqueça os protagonistas humanos na sua empresa, eles que apertarão o botão que impulsionará o negócio.

11.5: ATITUDES OBSERVADAS NOS LÍDERES QUE FOCAM APRENDIZADO CONTÍNUO E ATUALIZAÇÃO TECNOLÓGICA

▶ *Conecta pessoas e tecnologia*

A capacidade de conectar novas tecnologias diretamente à vida e a um objetivo para as pessoas é de grande importância para o sucesso de qualquer estratégia, atualização ou inovação tecnológica. Pois não existe evolução tecnológica sem o crescimento das pessoas, principalmente no que se diz respeito ao seu conhecimento técnico necessário para acompanhar aquela grande mudança na forma de trabalhar e operar no dia a dia, que em geral uma nova tecnologia costuma gerar no ambiente onde é inserida. E o líder ou colaborador que quer ser protagonista nesse avanço, deve buscar sempre a postura de se engajar nesse novo aprendizado necessário para esse passo, seja aproveitando todas as novas fontes de conhecimento que aparecem a respeito desse novo conhecimento tecnológico que começa a entrar na sua organização e nas suas atividades profissionais, ou buscar se atualizar até mesmo de forma autodidata.

▶ *Busca sempre canais que o mantenha atualizado*

Um líder em aprendizagem contínua está sempre em busca das mais variadas fontes que o mantenham atualizado, mesmo que não tenha muito tempo para se atualizar. Mas sabe fazer o filtro de seu tempo, se precisa mergulhar em algum assunto específico no qual precise se atualizar, seja por meio de um curso, seminário, workshop ou até uma visita a outro local fora de seu ambiente que proporcione abrir a sua a mente para esse desafio técnico. O mais importante nesse caso não é nem a fonte e forma de buscar esse novo conhecimento, mas sim a atitude de se dispor a isso, tendo uma visão de quanto que esse esforço se conecta com o seu propósito maior de desenvolvimento e busca de resultado.

▶ *Compartilha informação e conhecimento*

Quem está em busca de aprendizagem contínua tem que desenvolver um modelo mental interativo de compartilhar conhecimento o tempo todo, seja com colegas de trabalho e também outros fóruns além do núcleo que você convive. Pois é essa troca constante que proporcionará o constante canal de atualização, vivência de novas experiências e consequente adaptação a tudo novo que se forma ao nosso redor. Quem pouco interage, terá dificuldade de se atualizar e manter um ritmo competitivo de acompanhamento das mudanças culturais e tecnológicas, que é estrategicamente importante para a vida e carreira de qualquer um de nós.

> *Está sempre predisposto a quebrar paradigmas*

Por definição, paradigma é um padrão ou modelo a ser seguido. Se formos mais além, podemos dizer que são regras que orientam um grupo, estabelecendo limites e um padrão comportamental esperado. Portanto, quebrar paradigma seria agir de outra forma quando comparado ao padrão esperado. De algum modo quando aprendemos algo novo, estamos nos dando a chance de quebrar algum tipo de paradigma, e se usarmos esse novo conhecimento para atingir nossos objetivos e também mudar a vida das pessoas, conseguimos ir mais além em relação a esse antigo paradigma. Você como líder deve sempre estar disposto a ultrapassar essa barreira, desde que, claro, respeite ao próximo e seus princípios e valores.

PRATIQUE APRENDIZADO CONTÍNUO E ATUALIZAÇÃO TECNOLÓGICA

11.6.1: Busque novos conhecimentos, habilidades e experiências, diferentes contextos de trabalho e culturas. Invista nisso!

Independentemente do seu tempo de carreira, invista sempre tempo, e às vezes algum dinheiro, em novas habilidades ou alguma reciclagem necessária, principalmente na sua área de formação e atuação. Podemos dizer que hoje, a questão de ter recurso financeiro para poder se atualizar não é mais tão decisiva, frente à evolução da mídia digital e relativa facilidade de acesso a informação, como cursos online, workshops não presenciais e outras oportunidades. Como já foi citado, talvez o mais complexo de fazer é ter a disciplina de se condicionar a se propor sempre novos aprendizados e principalmente selecionar aqueles temas que se conectarão mais diretamente ao seu propósito de curto e médio prazo. Vale aqui algumas dicas de imersões que sempre são muito válidas e nos geram muito aprendizado:

- Participar de congressos específicos na sua área de atuação sempre agrega valor, pois além da atualização traz novos *networks*;
- Visitas técnicas que permitam vivenciar um ambiente diferente do que você vive, com aplicações práticas de tecnologias que você deveria conhecer;
- Eventos de boas práticas/benchmarking interno ou externo, fora ou dentro da sua área de conhecimento. O que

mais importa é que você estará num ambiente ativo de troca de experiências, o que dará a você uma grande energia;

- Eventos de *"hackathon"* que te permita interagir com grupos diferentes do seu convívio de rotina, outras tribos como estudantes, professores, ativistas, voluntários. Tudo vale para estimular nossa aptidão de buscar continuamente novas experiências;

- Escolha fazer algum curso, treino ou atividade por puro prazer, não por necessidade de trabalho ou atualização de carreira. Essa sensação de prazer contaminará você para outras atividades não tanto prazerosas;

- Sempre que puder, viaje para um lugar que não conheça. Pode ser do município vizinho onde você mora, ou o Monte Everest. O importante é que nesse lugar, permita-se conhecer pessoas, costumes e hábitos que não fazem parte da sua rotina. Esse impacto de absorver novas experiências e culturas sempre nos ajuda no autodesenvolvimento e estimula nosso mecanismo de aprendizagem;

- Seja voluntário, abrace uma causa, aquela que te permite aprender novos valores e dificuldades que não são comum em sua vida;

- Experimente ter prosas de conversa com pessoas que tem pelo menos 10 a 20 anos a mais que você. Aprender com os mais experientes sempre será uma forma genuína e gratuita de aprendizagem.

Bom... que tal praticar cada um desses itens pelo menos uma vez ao ano? Difícil? Não... o tempo é seu, ninguém toca nele, só você.

11.6.2: Aprenda o fenômeno da adaptabilidade a novos desafios

A evolução das carreiras vem sinalizando que o futuro pertence aos profissionais que tenham uma boa adaptabilidade a negócios e ambientes menos estruturados e imprevisíveis. Um perfil de pessoa que não tenha medo de se projetar a novos desafios em contextos ainda pouco conhecidos. Portanto, viver essas experiências de novos desafios, em novos projetos, novas áreas e novos grupos de interação é um grande exercício de aprendizagem. Algumas boas opções:

- Participe de projetos multifuncionais, onde uma parte do escopo você ainda não conhece;
- Varie o grupo de trabalho, não trabalhe sempre sozinho ou sempre com o mesmo grupo. Isso vale na escola, no trabalho, em casa e nos grupos sociais. Devemos nos adaptar aos fatos e aos pensamentos de diferentes grupos;
- Lembre-se da tríade da resiliência aprendida em outro capítulo: adaptabilidade, flexibilidade e aprendizagem. É uma rede entrelaçada, uma leva a outra;
- Sempre busque o melhor, mas não ache que sempre terá todo o recurso planejado para chegar ao propósito/objetivo. A parte de recurso será justamente o processo de adaptabilidade que você terá que desenvolver e também será esse seu aprendizado ao final da missão.

11.6.3: Seja sábio e "cyber"

É impossível não se envolver com tecnologia, seja na área em que trabalhamos ou também nas nossas rotinas diárias. Portanto, desenvolver constantemente a habilidade de ter "interface" com essas novas tecnologias, experimentar, usar e incorporar é de extrema importância para você se condicionar a ter uma aceitação e condicionamento. Não se iluda que conseguirá acompanhar a velocidade tecnológica atual, mas você pode estabelecer alguns canais "fixos" que abastecerá você das informações mínimas que necessita, como plataformas online ligadas à sua área, profissionais parceiros especializados em observar o mercado, que investirão o tempo para te manter informado dessas atualizações tecnológicas. Ou seja, manter seu lado sábio cada vez mais "cyber".

11.7: O QUE NÃO DEVO FAZER PARA TER APRENDIZAGEM CONTÍNUA E ATUALIZAÇÃO TECNOLÓGICA

Aqui voltarei à questão do *mindset*, sabiamente pesquisada e discutida pela autora Carol Dweck. Deve-se abandonar o *"mindset fixo"*, cuja característica essencial é a crença de que aptidões e inteligência são preconcebidas e pouco factíveis de desenvolver. Você deve se voltar para o *mindset* de crescimento, e acreditar que pode melhorar suas habilidades continuamente e que esse crescimento é proporcional ao tempo investido e intensidade despendida. Esse modelo mental de crescimento ajuda no trabalho em equipe, já que um colega passa a ver o outro como parceiro e que pode contribuir com ideias novas.

11.8: FAÇA SEU DIAGNÓSTICO – APRENDIZAGEM CONTÍNUA E ATUALIZAÇÃO TECNOLÓGICA

Responda na sequência as perguntas relativas ao diagnóstico de aprendizagem contínua e atualização tecnológica. Após a autoavaliação, você pode praticar as dicas da seção "pratique" e da seção "o que não devo fazer" para melhorar seu comportamento nessa característica abordada aqui neste capítulo.

Tabela 12: Checklist de autoavaliação — Aprendizagem contínua e atualização tecnológica

	Questões avaliadoras — Aprendizagem contínua e atualização tecnológica	Sim	Não
1	Atualizar-se na sua área de atuação é uma preocupação prioritária para você?		
2	Você efetivamente tem feito ações para se atualizar em termos de conhecimento (técnico, gestão ou liderança)?		
3	Você considera que consegue aplicar na prática os conhecimentos novos que tem recebido (pense num curso, especialização ou até uma palestra que assistiu)?		
4	Você tem a crença que atualização tecnológica é a competência que hoje MAIS diferencia um profissional?		
5	Você considera ter uma habilidade diferenciada quando o assunto é tecnologia?		
6	Você trocaria sua atividade atual para trabalhar numa função de desenvolvimento de tecnologia?		
7	Você considera ter facilidade em se adaptar às tecnologias que têm influenciado diretamente seu modo de trabalhar, de viver?		
8	Com tudo que existe de moderno, games, celular, e outros, você considera a infância das crianças de hoje mais divertidas que a 20 anos atrás?		
9	Numa escala de 1 a 10, você se daria uma nota mais de sete em termos de aceitação de toda essa mudança de patamar de tecnologia no mundo?		
10	Pergunta simples e objetiva: é fácil para você encarar novos desafios? Sair da sua zona de conforto?		
TOTAL			

CAPÍTULO 12

DIAGNÓSTICO E MÃOS À OBRA!

Chegamos ao capítulo final com o objetivo de traçar junto a você uma estratégia de diagnóstico e um planejamento simples, mas contínuo, de aprendizagem com base nos pontos a serem levantados no "teste do triângulo", que servirá de norteador para você se desenvolver com base nas suas oportunidades em cada um dos capítulos que desdobramos da tríade da competência. Mas antes de entrar no diagnóstico e no plano de melhoria em si, vou fazer um breve fechamento, buscando conectar tudo que foi visto aqui.

12.1: RESGATANDO AS PRINCIPAIS MENSAGENS DO LIVRO

Uma das principais mensagens aqui passada é que o potencial máximo de seu desempenho passa pelo equilíbrio de suas principais características ligadas às três competências que chamo da tríade da competência: liderança, gestão e conhecimento técnico. Utilizando a visão de um *mindset* de crescimento contínuo muito bem referenciado pela autora Carol Dweck, você pode com pequenas práticas diárias buscar a consistência que o tornará realmente forte, com consistência para enfrentar desafios pessoais e profissionais. E novamente reforço: o forte aqui se refere a fortalezas desenvolvidas e principalmente em algumas restrições minimizadas ou controladas. Esse é um ponto importante, pois se você tem uma restrição acentuada em qualquer uma das nove características desdobradas da tríade, do triângulo da competência, essa restrição pode desequilibrar completamente o seu triângulo das competências, sem que as demais características fortalecidas possam compensar, pois cada uma delas tem importância ímpar.

E você sabe que numa visão simples e realista do ser humano, a busca do defeito é muito mais intensa do que o reconhecimento de uma virtude. Portanto, na busca de desenvolver suas fortalezas você precisa claramente reconhecer seus pontos restritivos, com uma tranquilidade de como quem faz um *check-up* para precocemente identificar algo errado, que pode virar uma enfermidade mais grave. Vou insistir no termo "restritivo" que no dicionário quer dizer *que restringe, que limita*. Ter uma limitação pode nos levar a "atrofiar" as demais competências também. Um exemplo simples para você pensar: quem, por exemplo, tem dificuldade em ser *humilde*, aprender com erros, ouvir uma crítica construtiva, certamente terá dificuldade de aumentar sua curva de aprendizagem, porque para essa pessoa, mais importante que aprender, é manter o conforto da contínua razão, e agindo dessa forma, fatalmente comprometerá a capacidade de incrementar sua *resiliência*, ou seja, a capacidade de torná-la consistentemente forte e resistente a uma adversidade. Sendo assim, é muito importante você identificar suas competências que hoje podem ser restritivas, para elas não limitarem, ofuscarem suas fortalezas. Nesse caso, abordaremos, trabalhar com as nove características que aqui desdobramos. Você lembra das nove características que desdobrei aqui por capítulos?

Figura 27: As nove características desdobradas da tríade da competência

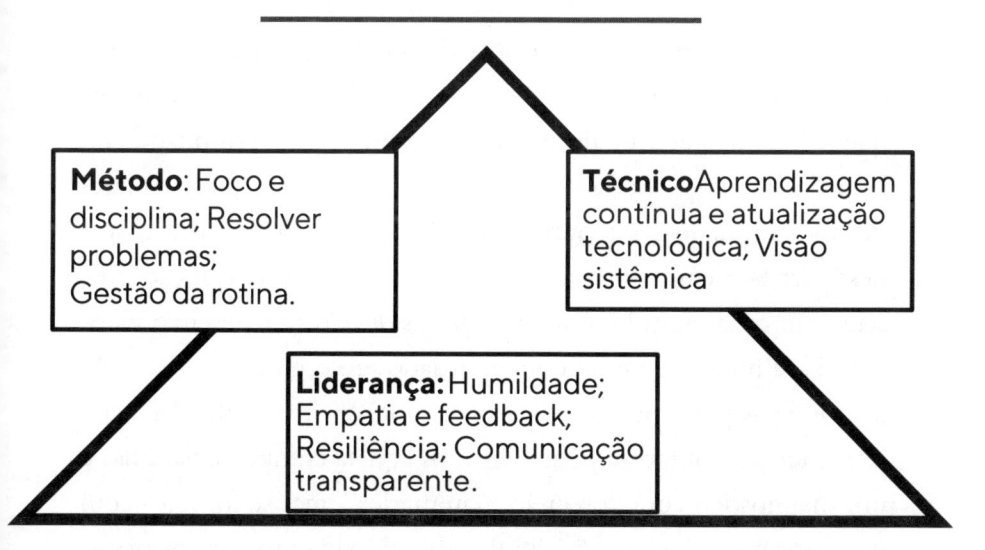

Método: Foco e disciplina; Resolver problemas; Gestão da rotina.

Técnico Aprendizagem contínua e atualização tecnológica; Visão sistêmica

Liderança: Humildade; Empatia e feedback; Resiliência; Comunicação transparente.

Para essas competências que foram trabalhadas aqui em todo o conteúdo do livro, vou propor um método simples de diagnóstico para que você possa entender como está o equilíbrio do seu triângulo das competências (lembre, o importante é o equilíbrio), quais são as suas fortalezas a serem preservadas e também quais são possíveis restrições que você deve trabalhar.

12.2: DEFININDO UM CONCEITO DE DIAGNÓSTICO

Suponha que você pudesse fazer um autoavaliação das competências desdobradas e tivesse uma nota final que resultaria em um "comprimento" para cada lado do triângulo. Será que esse seu triângulo teria um equilíbrio perfeito, ou seja, os três lados, (liderança, método e técnico) do mesmo tamanho, mesma proporção, ou haveria algum lado menor que outro? Vejamos o exemplo hipotético que ilustra a situação. Na figura 28, na avaliação de cada competência, o valor "médio" do lado da liderança ficou menor que o lado da gestão e do técnico, gerando a "oportunidade" no lado da liderança. Seria a restrição que comentei, que chamarei de oportunidade a ser trabalhada. A nota de cada competência desdobrada é construída a partir do *checklist* da autoavalição presente em cada capítulo. Cada um desses *checklists* foi desenvolvidos com base no conteúdo que foi abordado em cada um dos capítulos, onde as perguntas direcionam a se fazer uma avaliação sobre os principais comportamentos ligados àquela competência. Não é um diagnóstico com "precisão matemática", mas se for feito com uma sincera reflexão, permite um direcionamento para priorizar um desenvolvimento em determinadas competências. Esse é o objetivo aqui, uma autorreflexão simples de se construir, mas que se você fizer sozinho, provavelmente teria dificuldade em ter uma visão conectada do equilíbrio do triângulo, da tríade da competência que aqui foi desdobrada ao longo dos capítulos, ampliando um pouco mais o seu autoconhecimento em todos esses aspectos.

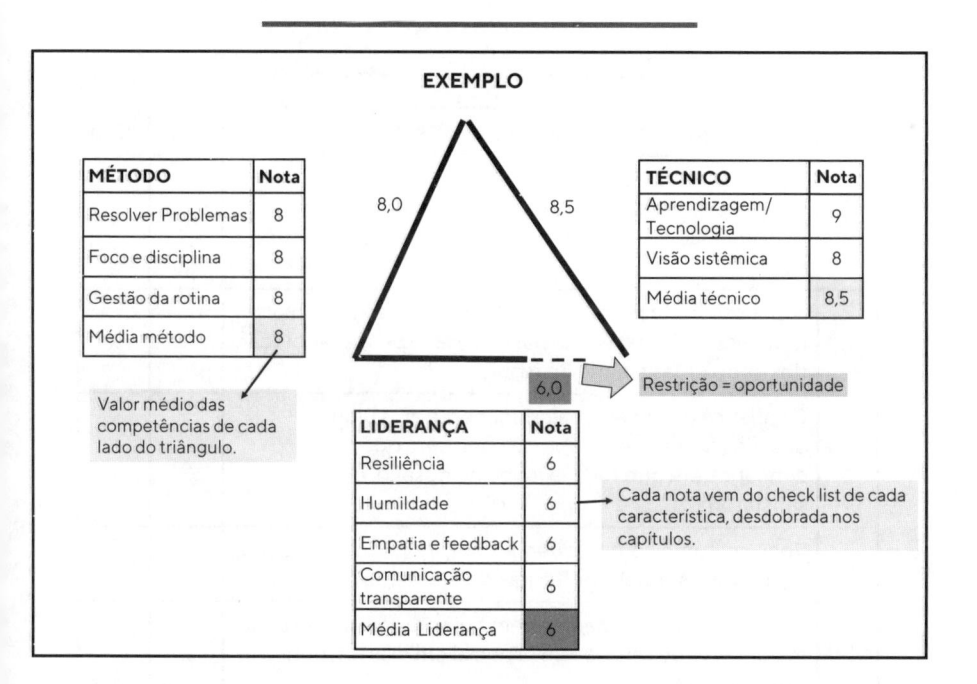

Figura 28: Exemplo do teste do triângulo

EXEMPLO

MÉTODO	Nota
Resolver Problemas	8
Foco e disciplina	8
Gestão da rotina	8
Média método	8

Valor médio das competências de cada lado do triângulo.

TÉCNICO	Nota
Aprendizagem/ Tecnologia	9
Visão sistêmica	8
Média técnico	8,5

8,0   8,5

6,0 → Restrição = oportunidade

LIDERANÇA	Nota
Resiliência	6
Humildade	6
Empatia e feedback	6
Comunicação transparente	6
Média Liderança	6

Cada nota vem do check list de cada característica, desdobrada nos capítulos.

A partir do diagnóstico, você mesmo pode tomar a decisão de priorizar algumas das competências e traçar uma estratégia de fortalecer os potenciais pontos restritivos e até mesmo reforçar algumas fortalezas que apareceram.

Figura 29: Exemplo de diagnóstico desenvolvido para cada competência desdobrada

	Questões avaliadoras – Resiliência	Sim	Não
1	Atualmente, no seu dia a dia, quando algo sai fora do seu planejamento, vários imprevistos surgem, você consegue administrar bem seu emocional e seguir em frente?		x
2	Atuar sob certa pressão, você acha que isso te dá mais motivação e "adrenalina" para pensar e buscar a solução dos problemas e atingir o resultado?		x
3	Confiança e auto estima: Atualmente, nos últimos desafios que enfrentou, você considera que sua confiança em que teria êxito neste desafio, era satisfatória?	x	
4	Você costuma *com frequência* "sofrer" por antecipação em possíveis situações futuras de problema?		x
5	Você consegue se manter bem humorado e positivo na maior parte do tempo, em especial em dias um pouco mais tensos?	x	
6	Nos seus principais projetos, sejam profissionais ou pessoais, você consegue ter claro continuamente, seu propósito, seu grande objetivo que busca naquele projeto?	x	
7	Tem o hábito frequente de tentar buscar algum tipo de aprendizado/ lado bom de algo que fez que saiu errado, do seu controle?	x	
8	Atualmente, se você fosse anotar em um papel, todos seus pensamentos durante um dia inteiro, eles seriam mais positivos do que negativos?	x	
9	Você considera que atualmente "os pilares" de sua vida (Saúde, profissional, família e social) estão em um equilíbrio que podemos chamar de saudável?		x
10	Você se considera uma pessoa tranquila, que não guarda rancor das pessoas? (Seja sincero com você mesmo, na resposta!)		x
	Nota Final	**6**	

12.3: O PASSO A PASSO PARA MONTAR O DIAGNÓSTICO

- **Passo 1:** Após o final de cada capítulo há um questionário diagnóstico daquela característica, onde a sugestão é que você responda, logo após a leitura do capítulo, pois o assunto estará "fresco" em sua memória facilitando uma autorreflexão daquele tema específico. Todos os questionários foram desenvolvidos onde a pergunta direciona para SIM ou NÃO, onde o "SIM" sempre seria afirmação do comportamento esperado relativo àquela questão que está sendo perguntada. De forma que ao fim, você pode contar o número de respostas com "SIM" e automaticamente essa seria sua nota de 1 a 10, já que o questionário tem 10 perguntas e cada pergunta tem o mesmo peso.

- **Passo 2:** Após o preenchimento dos *checklists* de cada capítulo, você pode traçar cada lado de seu triângulo da competência. Primeiramente é necessário fazer a média aritmética das notas de cada competência e o correspondente valor médio das notas do triângulo. Em seguida você conceberá cada lado do triângulo com a nota média de cada lado. Usaremos os valores da figura 28 de exemplo.

- **Passo 3:** Na figura 30 tem um exemplo de como preencher o triângulo pontilhado. Veja que os lados, técnico e método, estão em relativo equilíbrio, mas o lado de liderança que ficou com a menor nota, descompensa os demais lados.

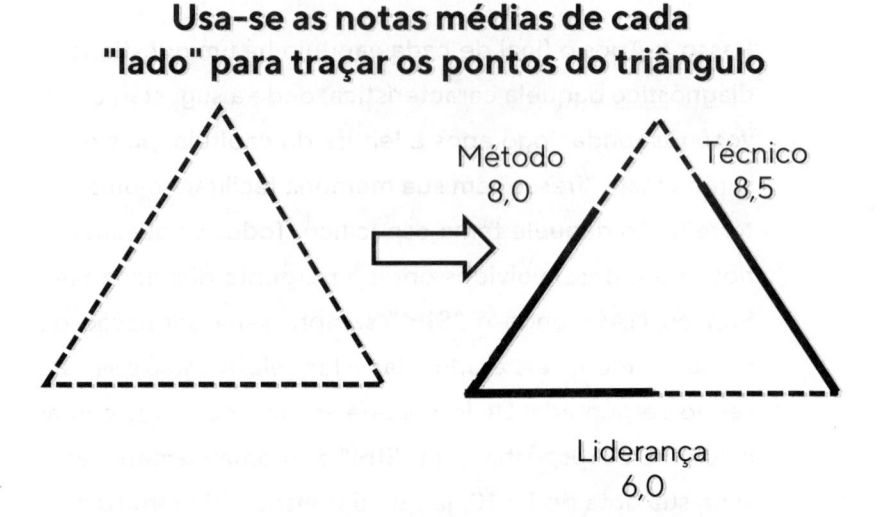

A TRÍADE DA COMPETÊNCIA

Figura 30: Fazendo a SUA figura do triângulo

Usa-se as notas médias de cada "lado" para traçar os pontos do triângulo

Método 8,0
Técnico 8,5
Liderança 6,0

No caso do exemplo, se esses lados forem unidos com seus respectivos "tamanhos" obtidos pelas notas, eles ficariam conforme o *caso 1* da figura 31, onde o lado liderança tem oportunidades para se trabalhar. O caso 2 mostra o lado de método com oportunidade e o caso 3 o lado de conhecimento técnico pode ser melhorado. Lembrando que o que é sempre válido é a visão de que todos os lados podem ser trabalhados continuamente. A figura 31 fornece apenas uma visão de como possíveis restrições podem aparecer.

Figura 31: Casos de equilíbrio do triângulo da competência

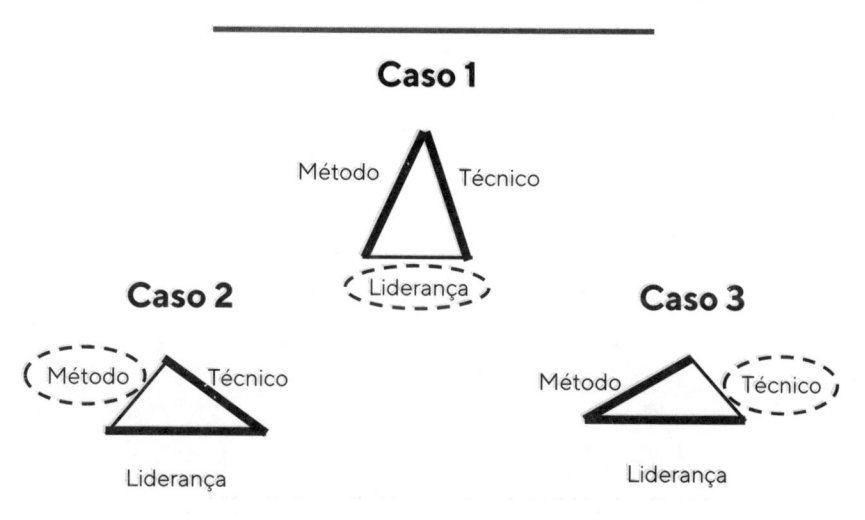

Caso 1

Método / Técnico / (Liderança)

Caso 2

(Método) / Técnico
Liderança

Caso 3

Método / (Técnico)
Liderança

Na sequência da página abaixo, você montará agora o SEU triângulo e tirará suas conclusões, baseado nas suas autoavaliações. A proposta aqui não é aplicar um teste com precisão, longe disso. É uma sugestão para você ter uma visão lúdica do equilíbrio de suas competências, e principalmente auxiliar no passo de traçar uma estratégia em algumas das características da tríade da competência aqui abordadas, em busca do triângulo em equilíbrio, sempre em melhoria contínua.

A TRÍADE DA COMPETÊNCIA

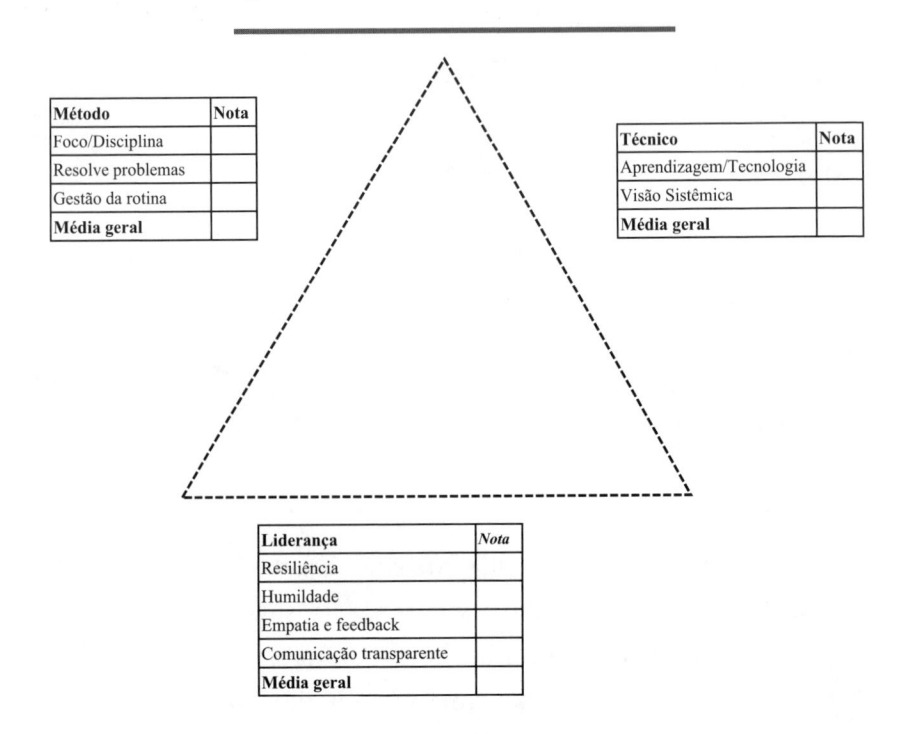

Figura 32: Desenhe o SEU triângulo!

Método	Nota
Foco/Disciplina	
Resolve problemas	
Gestão da rotina	
Média geral	

Técnico	Nota
Aprendizagem/Tecnologia	
Visão Sistêmica	
Média geral	

Liderança	*Nota*
Resiliência	
Humildade	
Empatia e feedback	
Comunicação transparente	
Média geral	

12.4: MÃOS À OBRA! TENHA UM DESEMPENHO FANTÁSTICO

Esse diagnóstico é apenas um ponto de referência. O mais importante é a reflexão que foi gerada ao longo dos capítulos e gradual identificação com parte das sugestões colocadas no item "PRATIQUE" de cada capítulo, para exercitar essas práticas de forma gradual, para que aos poucos elas se tornem o seu *"modelo mental"* de agir em cada uma das características desdobradas. Mas quem decidirá quantas serão essas práticas e de que forma, será você.

Um ponto muito importante é que você que deve sentir a necessidade de qualquer mudança em sua vida, ela deve sempre vir serena sem nenhuma avalanche que gere mais pressão ainda no seu dia a dia. A melhor recompensa sempre será o reconhecimento da melhoria gradual e contínua.

E as palavras *equilíbrio e consistência* são as que você mais deve lembrar após ter feito a reflexão com essa leitura. O equilíbrio das suas competências é que fará você chegar à consistência de resultados possibilitando que estes sejam abundantes para você, e esta abundância será devido à permanência dessas conquistas em sua vida, não apenas em um momento unilateral. O que você foca, planeja, analisa e executa com muita fé, coragem e empenho, será uma conquista perene.

REFERÊNCIAS BIBLIOGRÁFICAS

AMARAL, Hélio G. *Por que os problemas se repetem?* Curitiba: Editora Schutz, 2019.

CAMPOS, Vicente Falconi. *Gerenciamento da Rotina do dia a dia.* 8.ed. Nova Lima (MG): FALCONI Editora, 2004.

CAMPOS, Vicente Falconi. *Gerenciamento pelas diretrizes (Hoshin Kanri).* Nova Lima (MG): FALCONI Editora, 2013.

CAMPOS, Vicente Falconi. *Qualidade total: padronização de empresas.* Nova Lima (MG): FALCONI Editora, 2004.

CAMPOS, Vicente Falconi. *O verdadeiro poder.* 2.ed. Nova Lima (MG): FALCONI Editora, 2009.

CARNEGIE, Dale. *Como fazer amigos & influenciar pessoas.* 51.ed. São Paulo: Companhia Editora Nacional, 2005.

CARPINETTI, Luiz Cesar Ribeiro. *Gestão da qualidade: conceitos e técnicas.* 3. ed. São Paulo: Editora Atlas, 2017.

COLLINS, Jim. *Empresas feitas para vencer (Good to great).* Rio de Janeiro: Editora Alta Books, 2018.

DWECK, Carol S., Ph.D. *Mindset, a nova psicologia do sucesso*. São Paulo: Editora Objetiva, 2016.

GLASSER, William. *A teoria da escolha, uma nova psicologia de liberdade pessoal*.1. ed. São Paulo: Editora Mercuryo, 2001.

HUNTER, James C. *O monge e o executivo, uma história sobre a essência da liderança*. 21.ed. Rio de Janeiro: Editora Sextante, 2004.

MASLOW, A. H. *Motivation and personality*. 2. ed. Editora Harper & Row Publishers, 1970.

SABBAG, Paulo Yazigi. *Competências em gestão*. Rio de Janeiro: Editora Alta Books.

SCHWAB, Klaus. *A quarta revolução industrial*. São Paulo: Editora Edipro, 2016.

WOMACK, J. P. et al. *A máquina que mudou o mundo*. Editora Campus, 1992.

ÍNDICE

Símbolos

6M's, 121

    Mão de obra, 121

    Máquina, 121

    Matéria prima, 121–148

    Medida, 121–148

    Meio ambiente, 121–148

    Método, 121

A

Adaptabilidade, 80–88

Administração Moderna, 10–14

Adversidades, 42–44

Agenda prioritária, 81–88

Alta performance, x–xvi

Análise de Pareto, 95, 95–116

Aprendizagem contínua, 168–190

Autoavaliação, 43–44

Autoconhecimento, 18

Autodesenvolvimento, 4–6

Autodidatismo, 19–28

B

Brainstorming, 96–116

C

Computação em nuvem, 174–190

Comunicação, xii–xvi

    Assertiva, 171–190

Confiança, 51–58

Conflitos, 89

Conhecimento, 63–72

Conquistas, 20–28
Consistência, 63, 63–72
Cooperação, 80–88

D

Delegação consciente, 83–88
Desafios, 76–88
Diagnóstico do trabalho operacional, 123–148

E

Elementos de conhecimento, ix–xvi
Empatia, xii–xvi
Equipe, 6
Esforço, 11–14
Espírito cooperativo, 17–28

F

Feedback, 21–28, 64–72
Flexibilidade, 64–72
Foco, 86–88
Forças, 160–166

G

Gestão, 139–148
Globalização, 167–190

H

Habilidades, 11
Humildade, xii–xvi, 15–28

I

Indústria 4.0, 170–190
    Descentralização, 172–190
    Tempo real, 171–190
    Virtualização, 171–190
Informações estratégicas, 171–190
Inteligência emocional, 52–58
Internet das coisas, 174–190

K

KPI, 155–166

L

Liderança, 10–14
Limitações, 3–6
Lógica, 158–166
Lucratividade, 161–166

M

Matriz SWOT, 161–166
Meritocracia, 20, 79
Modelo Mental, xiii–xvi

Motivação, 16–28

N

Necessidades
    individuais, 21–28

P

Padrões de trabalho, 101–116

PDCA, 101–116

Pensamento positivo, 52–58

Pirâmide
    de aprendizagem, 168–190

Pirâmide de Maslow, 11–14
    Afeto, 11–14
    Autorrealização, 11–14
    Estima, 11–14
    Fisiológicas, 11–14
    Segurança, 11–14

Política de
    comunicação, 60–72

Pontos de melhoria,
    22–28, 33–44

Pontos fracos, 47–58

Positividade, 54–58

Potencial de
    oportunidade, 48–58

Psicologia
    organizacional, 11–14

R

Racionalidade, 46–58

Reconstrução, 18–28

Referência, 9–14

Relacionamento, 16
    confiança, 16
    respeito, 16

Resiliência, xii–xvi, 157–166

Resolução de
    problemas, 51–58

Revolução digital, 170–190

Robótica, 173–190

Rotina básica, xiii–xvi

S

SDCA, 123–148

Segurança da
    informação, 174–190

Senso de observação, 17–28

Sinais de alerta, xii–xvi

Sinergia, 114–116

Solucionadores de
    problemas, 49–58

Stakeholders, 157–166

T

Trabalho colaborativo, 22–28

Transparência, 37–44, 63

Tratamento de anomalias, 133–148

V

Valores, 154–166

Visão sistêmica, 152–166, 157–166

W

Walter Andrew Shewhart, 92–116